Ununterbrochen schwimmt im Meer
der Hinundhering hin und her

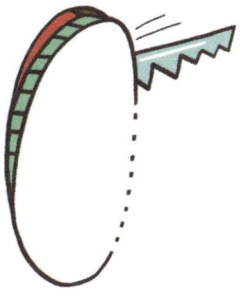

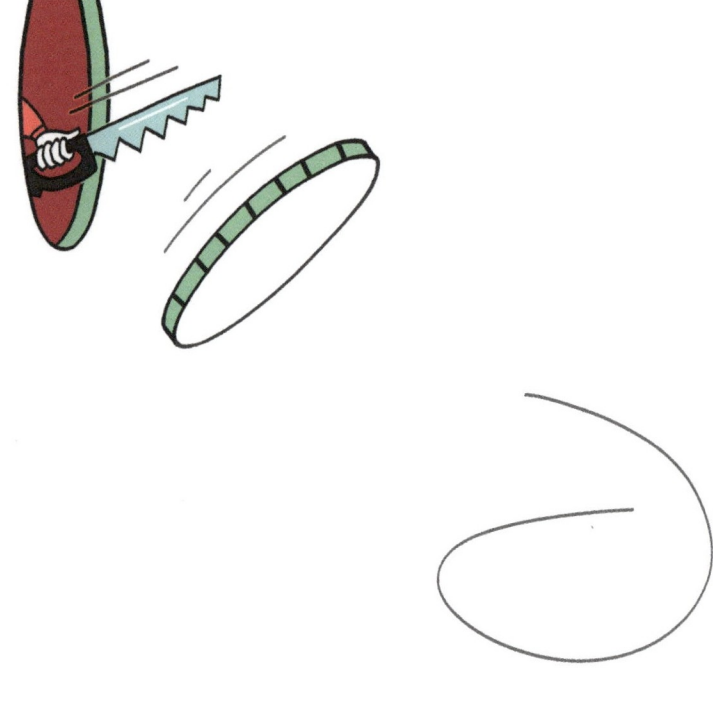

Ununterbrochen schwimmt im Meer der Hinundhering hin und her

Das dicke Buch vom Nonsens-Reim

für unterwegs und für daheim,
für Groß und Klein,
für Hund und Schwein
und wer sonst mit dir schaut hinein

Komisch herausgegeben von
Uwe-Michael Gutzschhahn

Sinnlos illustriert von
Sabine Wilharm

cbj

Dieses Buch ist gewidmet

den drei toten Freunden

und guten Geistern

Peter Maiwald, Oskar Pastior

und Jürgen Spohn.

MIX
Papier aus verantwor-
tungsvollen Quellen
FSC® C084279
FSC
www.fsc.org

Verlagsgruppe Random House FSC® N001967

3. Auflage
© 2015 cbj Kinder- und Jugendbuchverlag
in der Verlagsgruppe Random House GmbH
Neumarkter Str. 28, 81673 München
Alle Rechte vorbehalten
Illustrationen, Gestaltung und Layout: Sabine Wilharm
Umschlagumsetzung: basic-book-design, Karl Müller-Bussdorf
SaS • Herstellung: UK
Satz: dtp im Verlag
Reproduktion: Repoline mediateam, München
Druck: Print Consult, München
ISBN 978-3-570-15971-2
Printed in Czech Republic

www.cbj-verlag.de

Inhalt

Ist's auch falsch in dieser Welt, anderswo könnt's stimmen, gelt?

Im Schattenhaus katzt eine Schnurre.

Jagst du Flöhe mit dem Hammer, gibt es Knochensplitt und Jammer.

Und schaurig klingt vom Norden her
noch heut'gen Tags die Eskimär.

Nachspiel – Den Vers,
den hab ich in Vorrat germacht.

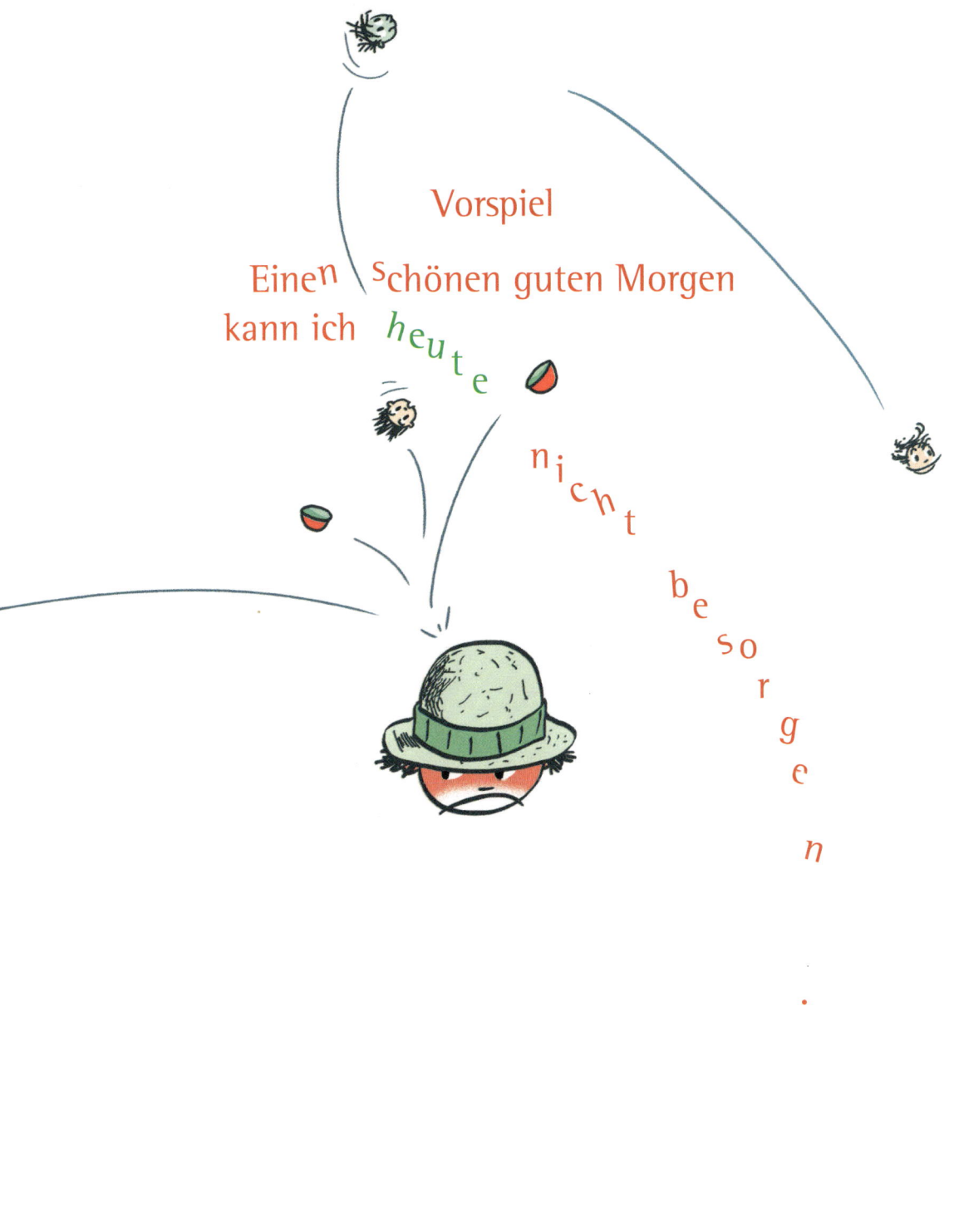

Vorspiel

Einen schönen guten Morgen
kann ich heute nicht besorgen.

F. W. Bernstein

Ich bin

ein ganz mißlungnes Tier.
So viel von mir.
Doch wer seid Ihr?

14

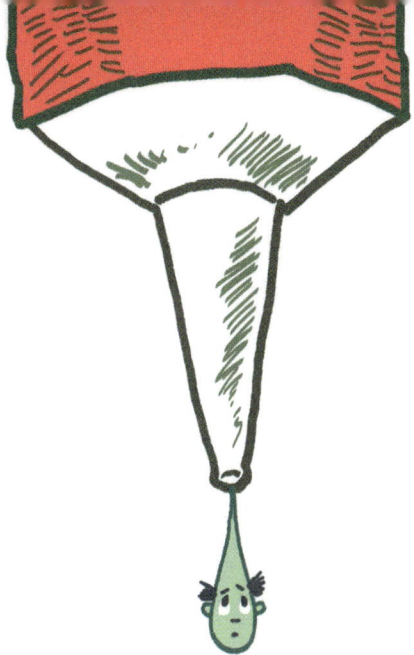

Frantz Wittkamp

Sekundenkleber klebt Sekunden.
Erst zu Minuten, dann zu Stunden.
Und so entstehen mit der Zeit
auch Jahre und die Ewigkeit.

Christa Reinig

Guten Morgen

Einen schönen guten Morgen
Kann ich heute nicht besorgen,
Daher gibt es ihn erst morgen.

16

Ich bin ein farsch geleimtes Kind.

Ernst Jandl

ein schulmädchen

die ferien sind alle
die schule ist die falle
ich bin die kleine maus
der lehrer sieht wie käse aus

Robert Gernhardt

Selbstbefragung

Ich horche in mich rein.
In mir muß doch was sein.
Ich hör nur „Gacks" und „Gicks".
In mir da ist wohl nix.

Erich Fried

Zwiefache poetische Sendung

Der Hauptberuf der Schnabelsau
ist daß sie reimt auf Kabeljau
Doch wenn sie ihren Zensch entschleimt
bleibt selbst der Mensch nicht ungereimt.

So halten Dichter Nabelschau
in unserm Kain- und Abelgau
Den Menschen wie den Kabeljäuen
obliegts dann sich am Reim zu freuen.

Unbekannter Verfasser

Ich hab 'n Vogel
Du hast 'n Piep
Meiner flog weg
Und deiner blieb.

20

Mascha Kaléko

Ungereimtes über den Iltis

Ihr sagt: Es reimt sich nichts auf *Iltis?*
Ich sag, es reimt sich doch. Was gilt is?
Ihr sagt: Es reimt sich nichts auf *Menschen?*
– Na, wennschen!

Wißt ihr, was „falsche" Reime machen,
Wenn sie sich ansehn? Nun, sie lachen!

Peter Maiwald

Die Katze

Die Katze spricht:
Ein Reimgedicht
das schaff ich mal
mal schaff ich's nicht.

Ein Reimwort rennt
wie eine Maus
mal pack ich sie
mal kommt sie aus.

So leg ich auf
die Lauer mich
mal kommt der Reim
mal kommt er nicht.

21

Und hab ich fast
den Reim erwischt
lacht der mich aus:
Mal wieder nischt.

Ror Wolf

vier herren

vier herren stehen im kreise herum
der erste ist groß der zweite ist krumm
der dritte ist dick der vierte ist klein
vier herren stehen im lampenschein

der erste ist stumm der zweite ist still
der dritte sagt nichts der vierte nicht viel
sie stehen im kreise und haben sich jetzt
die hüte auf ihre köpfe gesetzt

Robert Gernhardt

Das Gleichnis

Wie wenn da einer, und er hielte
ein frühgereiftes Kind, das schielte,
hoch in den Himmel und er bäte:
„Du hörst jetzt auf den Namen Käthe!" –
Wär' dieser nicht dem Elch vergleichbar,
der tief im Sumpf und unerreichbar
nach Wurzeln, Halmen, Stauden sucht
und dabei stumm den Tag verflucht,
an dem er dieser Erde Licht ...
Nein? Nicht vergleichbar? Na, dann nicht!

24

Adalbert von Chamisso

Tragische Geschichte

's war einer, dem's zu Herzen ging,
Daß ihm der Zopf so hinten hing,
Er wollt' es anders haben.

So denkt er denn: „Wie fang' ich's an?
Ich dreh' mich um, so ist's getan –"
Der Zopf, der hängt ihm hinten.

Da hat er flink sich umgedreht,
Und wie es stund, es annoch steht –
Der Zopf, der hängt ihm hinten.

Da dreht er schnell sich anders 'rum,
's wird aber noch nicht besser drum –
Der Zopf, der hängt ihm hinten.

Er dreht sich links, er dreht sich rechts,
Es tut nichts Gut's, es tut nichts Schlecht's –
Der Zopf, der hängt ihm hinten.

Er dreht sich wie ein Kreisel fort,
Es hilft zu nichts, in einem Wort –
Der Zopf, der hängt ihm hinten.

Und seht, er dreht sich immer noch
Und denkt: Es hilft am Ende doch –
Der Zopf, der hängt ihm hinten.

Jan Koneffke

Trippeltrappeltreppe

Diese Trippeltrappeltreppe
diese Trippeltrappeltreppe
trippeltrappel
trippeltrappel
Tritte Tritte
Schritte Schritte
Hacken Hacken
Absatz Absatz
Sohlen Sohlen
Zehen Zehen
diese Trippeltrappeltreppe
diese Trippeltrappeltreppe
tappen tappen
treten treten
hoppeln hoppeln
hopsen hopsen
stolpern stolpern
poltern poltern
toben toben
stapfen stapfen
schreiten schreiten
springen springen
kriechen kriechen
kriechen kriechen

diese Trippeltrappeltreppe
diese Trippeltrappeltreppe
Tatzen Tatzen
Hufe Hufe
Pfoten Pfoten
SAUGNAPF
SAUGNAPF
diese Trippeltrappeltreppe
diese Trippeltrappeltreppe
scharren scharren
scheuchen scheuchen
schieben schieben
zerren zerren
stoßen stoßen
seufzen seufzen
schimpfen schimpfen
keuchen keuchen
diese Trippeltrappeltreppe
diese Trippeltrappeltreppe
straucheln straucheln
taumeln taumeln
torkeln torkeln

plumpsen plumpsen

fallen fallen

rutschen rutschen

SAUGNAPF

SAUGNAPF

diese Trippeltrappeltreppe

diese Trippeltrappeltreppe

weiter! weiter!

schneller! schneller!

hochhoch! hochhoch!   Stufen Stufen

hoppla! hoppla!   Stufen Stufen

langsam! langsam!   Stufen Stufen

Tempo! Tempo!   Stufen Stufen

flitzen! flitzen!   Stufen Stufen

Atempause Atempause   Stufen Stufen

kriechen kriechen   Trippeltrappeltreppes Absatz

kriechen kriechen   endlich endlich

diese Trippeltrappeltreppe   endlich endlich

diese Trippeltrappeltreppe   Atempause

Kurt Schwitters

Kleines Gedicht für große Stotterer

Ein Fischge – fisch, ein Fefefefefischgerippe
Lag auf der auf, lag aaaa auf der Klippe,
Wie kam es kam, wie kekekam, wie kam es
Dahin, dahin, dahin?

Das Meer hat Meer, das Mememeer, das hat es
Dahin, dahin, dahingespület.
Da lllllllllllliegt es liegt, da lllliegt, da lliegt es
Sehr gut, sogar sehr gut.

28

Da kam ein Fffffisch, ein Fisch, ein Ffffffffffffffüt, ffffffffffisscher.
Der frischte fischte frische Fische.
Der nahm es, nahm, der nahm, der nahm es.
Hinweg. Der nahm es weg.

Nun lllllllllllliegt die, liegt, nun llliegt die Klippe
Ganz ooooooooohne Fffischge, fischgerippe,
Im weiten, weweweit im Weltenmeere,
so nackt, so fufufurchtbar nackt.

Christian Morgenstern

Das ästhetische Wiesel

Ein Wiesel
saß auf einem Kiesel
inmitten Bachgeriesel.

Wißt ihr
weshalb?

Das Mondkalb
verriet es mir
im stillen:

Das raffinier-
te Tier
tat's um des Reimes willen.

29

Christian Morgenstern

Der Schaukelstuhl auf der verlassenen Terrasse

„Ich bin ein einsamer Schaukelstuhl
und wackel im Winde, im Winde.

Auf der Terrasse, da ist es kuhl,
und ich wackel im Winde, im Winde.

Und ich wackel und nackel den ganzen Tag.
Und es nackelt und rackelt die Linde.
Wer weiß, was sonst wohl noch wackeln mag
im Winde, im Winde, im Winde."

Hans Magnus Enzensberger

Einführung in die Handelskorrespondenz

Mit freundlichen Grüßen
Mit grämlichem Hüsteln
Mit christlichem Frösteln
Mit fiesen Grimassen
Mit geilen Finessen
Mit feistem Gewinsel
Mit schwülem Gefasel
Mit schweißigen Nüstern
Mit heiserem Schmatzen
Mit schleimigem Kitzeln
Mit lüsternen Fratzen
Mit fleischigen Küssen
Mit schäumenden Fisteln
Mit freudigem Geifern
Mit scheußlichen Fotzen
Mit fröhlichem Knirschen
Mit kreischenden Flüchen
Mit freundlichen Grüßen

F. W. Bernstein

Der Dinggang

Langsam ist der Gang der Dinge,
wenn es nach den Dingen ginge,
dauerte es elend lang.
Sind die Dinge mal im Gang,

muss man halt vor allen Dingen
sehr sehr viel Geduld aufbringen.
Hat es aber angefangen
mit den langen Dingendangen,

sind sie endlich angesprungen
ist es tatsächlich gelungen
und sie kommen in die Gänge
Mann! Das zieht sich in die Länge.

Und das geht so lang es geht,
bis das Ding dann steht.

Christian Morgenstern

Der Gingganz

Ein Stiefel wandern und sein Knecht
von Knickebühl gen Entenbrecht.

Urplötzlich auf dem Felde drauß
begehrt der Stiefel: Zieh mich aus!

Der Knecht drauf: Es ist nicht an dem;
doch sagt mir, lieber Herre; – : wem?

Dem Stiefel gibt es einen Ruck:
Fürwahr, beim heiligen Nepomuk,

ich GING GANZ in Gedanken hin ...
Du weißt, daß ich ein andrer bin,

seitdem ich meinen Herrn verlor ...
Der Knecht wirft beide Arm' empor,

als wollt' er sagen: Laß doch, laß!
Und weiter zieht das Paar fürbaß.

33

Oskar Pastior

Junikäfer

Ich bin ein farsch geleimtes Kind
– wenn ich heule pfeift der Hund

Pfeift der Hund auf einem Bein
fällt vom Herzen mir ein Stuhl

Für einen Stuhl mit beiden Ohren
staunt er mich an wie neu genagelt

Wie vernagelt klemmt der Kaffee
Pu ich glaub mich laust ein Igel

Laust ein Igel sich von hundert?
– fragt der Laie sich und wackelt

Sehr verwackelt knurrt der Wind:
ich bin ein farsch geleimter Hund

Gotthold Ephraim Lessing

Lob der Faulheit

Faulheit, jetzo will ich dir
Auch ein kleines Loblied bringen. –
O – – wie – – sau – – er – – wird es mir, – –
Dich – – nach Würden – – zu besingen!
Doch, ich will mein Bestes tun,
Nach der Arbeit ist gut ruhn.

35

Höchstes Gut! wer dich nur hat,
Dessen ungestörtes Leben – –
Ach! – – ich – – gähn' – – ich – – werde matt – –
Nun – – so – – magst du – – mirs vergeben,
Daß ich dich nicht singen kann;
Du verhinderst mich ja dran.

36 Ebi Naumann

Der Immerdann

Der Wal kann sich nicht kratzen.
Die Maus fängt keine Katzen.
Der Schatten sieht die Sonne nicht.
Ein Hinterteil ist kein Gesicht.
Dem Fisch macht niemand Beine,
auch Schlangen haben keine.
Der Esel kann nicht fliegen,
ein volles Glas nicht liegen.
Der Mond wird nie alleine sein.
Wer grade raus geht, kommt nicht rein.

Ein Schneckenhaus hat keine Tür,
das arme Schwein kann nichts dafür.
Und ein Schaaf bleibt stets ein Schaaf,
weil es nicht zur Schule daaf.
Was oben ist, das ist nicht unten.
Die Zeit hat Zeit, auch noch nach Stunden.
Das Huhn kann keinen Handstand machen.
Wer traurig ist, der mag nicht lachen.
Wer Angst hat, ist nicht gern allein
und schläft am Abend nicht gut ein.
Drum schenk ich dir den „Immerdann",
der immer dann dir helfen kann,
wenn du ihn in Gedanken siehst,
sobald du deine Augen schließt.

PS:
Tut er's mal nicht, versteckt gar sich,
nimm's ihm nicht krumm und denk an mich.

Joachim Ringelnatz

Ernster Rat an Kinder

Wo man hobelt, fallen Späne.
Leichen schwimmen in der Seine.
An dem Unterleib der Kähne
Sammelt sich ein zäher Dreck.

An die Strähnen von den Mähnen
Von den Löwen und Hyänen
Klammert sich viel Ungeziefer.
Im Gefieder von den Hähnen
Nisten Läuse; auch bei Schwänen.
(Menschen gar nicht zu erwähnen,
Denn bei ihnen geht's viel tiefer.)

Nicht umsonst gibt's Quarantäne.

Allen graust es, wenn ich gähne.

Ewig rein bleibt nur die Träne
Und das Wasser der Fontäne.

Kinder, putzt euch eure Zähne!!

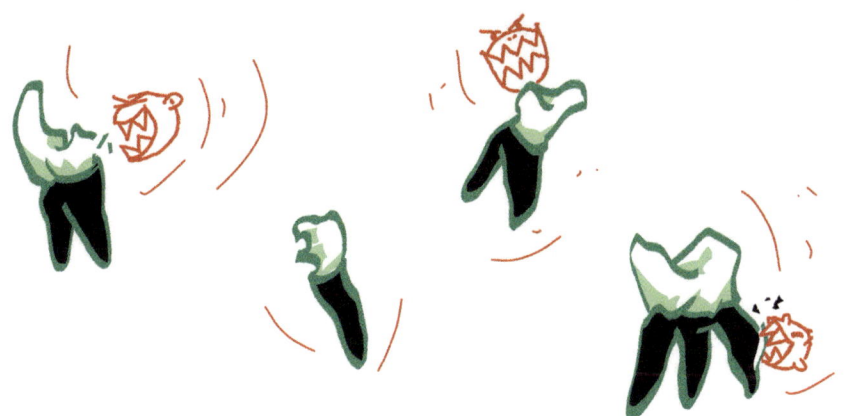

Johann Nestroy

Einreimgedicht

O Knute, o Knute!
Die schwingen man tute,
machst Wirkung sehr gute
bei frevelndem Mute.
Was dem Kindlein die Rute,
ist dem Volke die Knute;
du stillest die Wute
rebellischem Blute.
Das alles, das tute
die Knute, die Knute!
Weshalb ich mich spute,
in einer Minute
poetischer Glute
schrieb ich an die Knute
dies Gedichtchen, dies gute.

F. W. Bernstein

So geht Gehen

Wie geht Wiegeln?
Weiß ich nicht.

Gehen
geht auf zwei Beinen.
Auf nur einem
geht es nicht.

Wie ist das bei Tieren?
Sie wiegeln auf allen Vieren –
Was weiß ich!

Ralf Thenior

Der Marabu

Der Marabu ist tierisch eitel.
Er kämmt sich einen Mittelscheitel.
Zwei Haare links, drei Haare rechts,
das macht er flink, ohne Gekrächz.

Ein Mädchen staunt den Vogel an,
froh, dass sie ihn benennen kann.
Der Vogel steht auf einem Bein,
das kann ein Klapperstorch nur sein.

Dem Marabu fällt Schweigen schwer.
Er schnarrt heraus: Bist du denn blind!
Ich bin ne Sonnenblume, Kind!
Dann schweigt er wieder wie bisher.

Michael Roher

Honigmilch mit Zimt

Einen Viertel-Liter Milch erhitzen
einen Löffel Honig, Zimt –
so ein, zwei Messerspitzen,
rühren, fertig! Und man nimmt
die heiße Tasse schon
am besten mit auf den Balkon
und trinkt sie dort, wenn's geht
mit einer Decke um den Bauch,
erklärt der Peter, weil der auch
vom Genießen was versteht.
Nur leider, Balkon hab ich nicht
und auch keine Milch, Geschäfte zu, erster Mai,
doch die Vorstellung an sich,
die ist einwandfrei!

Susan Kreller

Rezept, wenn der Kühlschrank leer ist

Man nehme ein und geb hinzu
zwei mittelgroße. Rühren nun.
Jetzt streue man noch hundert Gramm,
danach ein Stück, dreifingerlang.

Auch schmecke man pikant es ab
mit einer Prise, nicht zu knapp.
Der Trick ist eine Messerspitz
und noch ein Schluck, bei schwacher Hitz

erwärmt. Und was nicht fehlen darf:
die zwanzig edlen, möglichst scharf,
und für die Milde noch ein Hauch
vom grad gekauften. (Alt geht auch.)

Und ruhen lassen. Deckel zu.
Und Deckel auf, sodann der Clou:
Man gießt zwei Liter schnell hinein.
Man rührt. Und rührt. Und lässt es sein.

Es schmeckt zu dieser feinen Speis
ein ofenwarmes, nicht zu heiß.
Und als Getränk empfiehlet sich
ein Gläschen vom. Na los, zu Tisch!

Paul Maar

Herders Tante

Herder hatte eine Tante,
welche Erbsen „Knöchel" nannte.
Ein Kürbis war für sie „die Hüfte",
so dass es weiter nicht verblüffte,
dass sie ihr eignes Spiegelbild
für Johann Wolfgang Goethe hielt.

Hans A. Halbey

So was Dummes!

Sieben Söhne wachsen bei mir heran,
und jeder Sohn wird gewiß mal ein Mann,
und wie das so geht auf unserer Erden:
ein jeder will etwas anderes werden!

Hosenträger möchte der erste sein.
Schuhanzieher – das fällt dem zweiten ein.
Der dritte sagt: Korkenzieher, das finde ich Klasse!
Der vierte: Scheibenwischer, die braucht man in Masse!
Einer meint: Aktenordner werden gesucht.
Der sechste hätte es gern mit Anlasser versucht.
Und der Jüngste hat auch schon ein Ziel:
Ich werde Dauerlutscher, da verdient man viel!

Ich frage mich nur: Wo führt das hin?
Zumal ich selbst gelernter Bettvorleger bin ...

Otto Waalkes

Ach, wenn wir nur sicher wären,
wie die Hamster sich vermehren!
Doch sie treiben's ja im Dunkeln,
wo bei Rüben und Ranunkeln
jene Sauerein geschehn.
Daher ist man auch bei diesen
Tier'n aufs Raten angewiesen.
Treiben sie es bienengleich –
vorne hart und hinten weich?
Oder läuft's nach Rabenart –
hinten weich und vorne hart?
Machen sie es wie der Fink –
anfangs langsam, später flink?
Oder etwa wie der Kranich –
flott am Anfang, später tranig?
Machen sie es wie die Meise –
anfangs laut und später leise?
Oder wie die Meisenbraut –
erst ganz leise, dann sehr laut?
Tun sie's wie der Dachs im Liegen?
Oder wie der Lachs im Fliegen?
Tun sie's hängend wie die Glocken?
Oder – wie der Wal – im Hocken?

Fragen also über Fragen –
trotzdem noch kein Grund zum Klagen.
Zwar wird man wohl nie erfahren,
wie sich diese Tierchen paaren –
doch: *daß* der Hamster sich vermehrt,
ist ja schließlich auch was wert.

Joseph von Eichendorff

Mandelkerngedicht

Zwischen Akten, dunkeln Wänden
Bannt mich, Freiheitsbegehrenden,
Nun des Lebens strenge Pflicht,
Und aus Schränken, Aktenschichten
Lachen mir die Beleidigten
Musen in das Amtsgesicht.

Als an Lenz und Morgenröte
Noch das Herz sich erlabete,
O du stilles, heitres Glück!
Wie ich nun auch heiß mich sehne,
Ach, aus dieser Sandebene
Führt kein Weg dahin zurück.

Als der letzte Balkentreter
Steh ich armer Enterbeter
In des Staates Symphonie,
Ach, in diesem Schwall von Tönen
Wo fänd ich da des eigenen
Herzens süße Melodie?

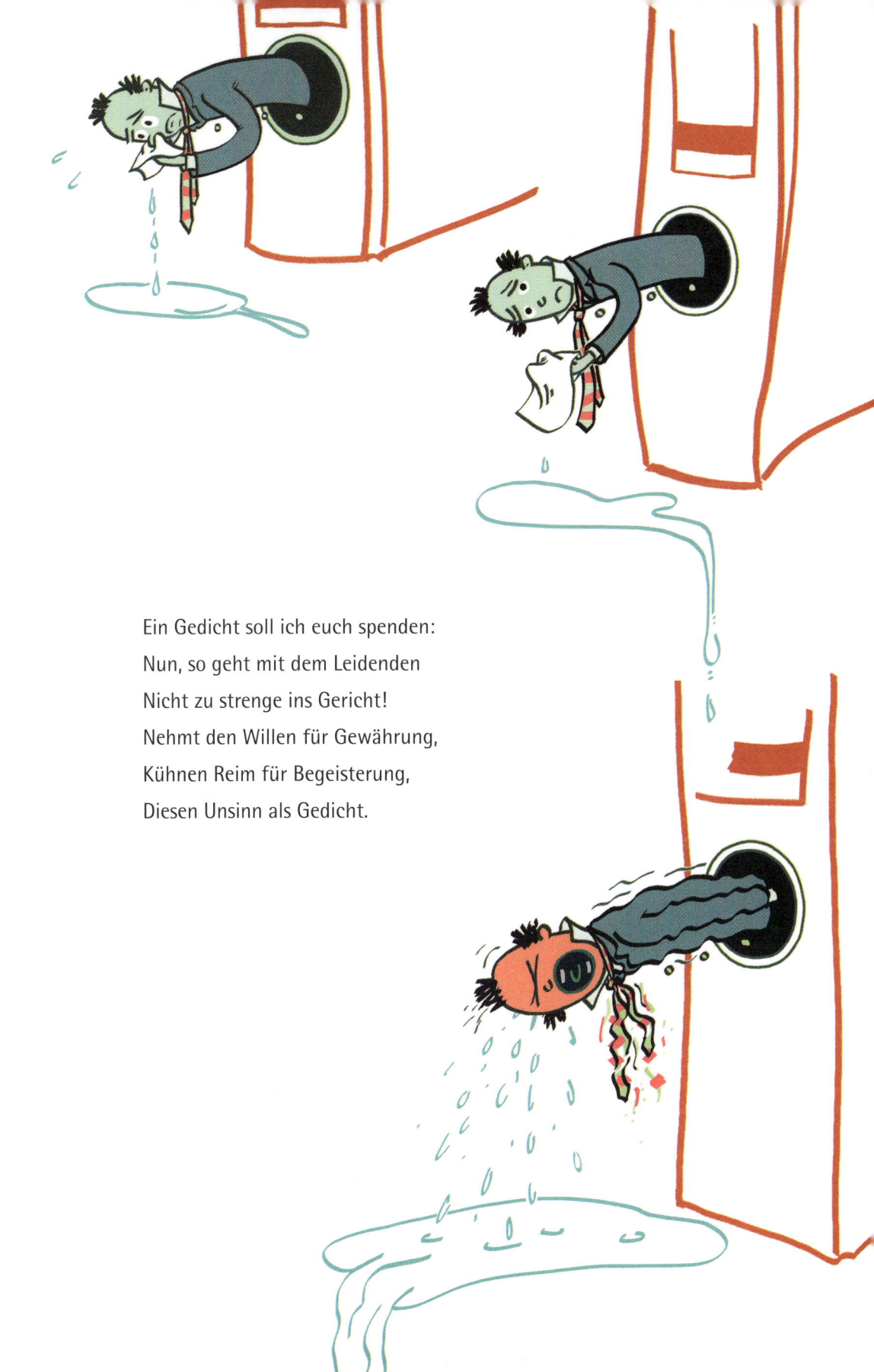

Ein Gedicht soll ich euch spenden:
Nun, so geht mit dem Leidenden
Nicht zu strenge ins Gericht!
Nehmt den Willen für Gewährung,
Kühnen Reim für Begeisterung,
Diesen Unsinn als Gedicht.

Christa Reinig

Ballade von der ungehemmten Vermehrung der Lebewesen

Es schwammen sechs Enten auf einem Teich.
Drei sind arm und drei sind reich.
Drei sind hager, drei beleibt.
Drei bemannt und drei beweibt.
Drei sind schwarz und drei sind weiß.
Drei sind kühl und drei sind heiß.
Drei sind warm und drei sind kalt.
Drei sind jung und drei sind alt.
Drei sind stark und drei sind schwach.
Drei wollen Frieden und drei wollen Krach.
Drei wollen Schlaf, drei wollen Tanz.
Drei haben 'nen Sterz und drei 'nen Schwanz.
Eins rottete das andre aus.
So wurden dreiunddreißig draus.

Dreiunddreißig Enten auf einem Teich.
Sechzehn sind arm und sechzehn sind reich.
Nur eines hatte die Fresse voll.
Verlor den Verstand und wurde toll.

Ist's auch falsch in dieser Welt,
anderswo könnt's stimmen, gek?

Unbekannter Verfasser

Dunkel war's

Dunkel war's der Mond schien helle,
Schnee bedeckt die grüne Flur,
als ein Auto blitzeschnelle,
langsam um die Ecke fuhr.

Drinnen saßen stehend Leute,
schweigend ins Gespräch vertieft,
als ein totgeschoßner Hase
auf der Sandbank Schlittschuh lief.

Und der Wagen fuhr im Trabe,
rückwärts einen Berg hinauf.
Droben zog ein alter Rabe
grade eine Turmuhr auf.

Ringsumher herrscht tiefes Schweigen
und mit fürchterlichem Krach
spielen in des Grases Zweigen
zwei Kamele lautlos Schach.

Und auf einer roten Parkbank,
die blau angestrichen war,
saß ein blondgelockter Jüngling
mit kohlrabenschwarzem Haar.

Neben ihm 'ne alte Schrulle,
zählte kaum erst 16 Jahr,
in der Hand 'ne Butterstulle,
die mit Schmalz bestrichen war.

Droben auf dem Apfelbaume,
der sehr süße Birnen trug,
hing des Frühlings letzte Pflaume
und an Nüssen noch genug.

Von der regennassen Straße
wirbelte der Staub empor
und der Junge bei der Hitze
mächtig an den Ohren fror.

Beide Hände in den Taschen
hielt er sich die Augen zu.
Denn er konnte nicht ertragen,
wie nach Veilchen roch die Kuh.

Holder Engel, süßer Bengel
furchtbar liebes Trampeltier.
Du hast Augen wie Sardellen,
alle Ochsen gleichen dir.

Und zwei Fische liefen munter
durch das blaue Kornfeld hin.
Endlich ging die Sonne unter
und der graue Tag erschien.

Und das alles dichtet Goethe,
als er in der Morgenröte
liegend auf dem Nachttopf saß
und dabei die Zeitung las.

Joachim Ringelnatz

Die Seifenblase

Es schwebte eine Seifenblase
Aus einem Fenster auf die Straße.

„Ach nimm mich mit Dir", bat die Spinne
Und sprang von einer Regenrinne.

Und weil die Spinne gar nicht schwer,
Fuhr sie im Luftschiff übers Meer.

Da nahte eine böse Mücke,
Sie stach ins Luftschiff voller Tücke.

Die Spinne mit dem Luftschiff sank
Ins kalte Wasser und ertrank.

James Krüss

Das Königreich von Nirgendwo

Das Königreich von Nirgendwo
Liegt tief am Meeresgrund.
Dort wohnt der König Soundso
Mit Niemand, seinem Hund.

Die Königin heißt Keinesfalls.
Sie ist erstaunlich klein,
Hat einen langen Schwanenhals
Und sagt beständig: Nein!

Und Keiner ist der Hofmarschall.
Er schlemmt gern süße Luft
Und hat ein Haus bei Niemands Stall
Aus Kalk- und Kieselduft.

Die Köchin Olga Nimmermehr,
Die wohnt in Keiners Haus.
Sie putzt und werkelt immer sehr
Und kocht tagein, tagaus.

Am liebsten kocht sie Grabgeläut,
Mit Seufzern feingemischt.
Das wird im Schloß zu Keinerzeit
Meist Niemand aufgetischt.

Oft macht die Katze Niemals hier
Zu Keinerzeit Tumult.
Dann sorgt sich Keiner um das Tier,
Und Niemand kriegt die Schuld.

Man schimpft ihn tüchtig aus und läßt
Ihn prügeln noch und noch.
Für Nimmermehr gibt's Hausarrest,
Und Keiner muß ins Loch.

Doch meist ist König Soundso
Sehr friedlich und human.
Drum liebt im ganzen Nirgendwo
Ihn jeder Untertan.

Ich selber ging mal seinerzeit
Zu einer Zeit im Mai
(Man tat so was zu meiner Zeit)
An Keinerzeit vorbei.

Das Meer war still. Und Keiner stand
Am Zaun, nach mir zu schaun.
Schloß Keinerzeit lag linkerhand
Und Niemand rechts am Zaun.

Das Königreich von Nirgendwo
Liegt irgendwo am Grund.
Dort wohnt der König Soundso
Mit Niemand, seinem Hund.

Günter Nehm

Entschuldigung

Als ich heute früh erfuhr,
dass der Zug schon früher fuhr,
hab ich das zu spät erfahren,
und ich musste später fahren.
Wenn ich auch zu spät erfuhr,
dass der Zug heut später fuhr,
hab ich doch heut früh erfahren:
Morgen musst du früher fahren.

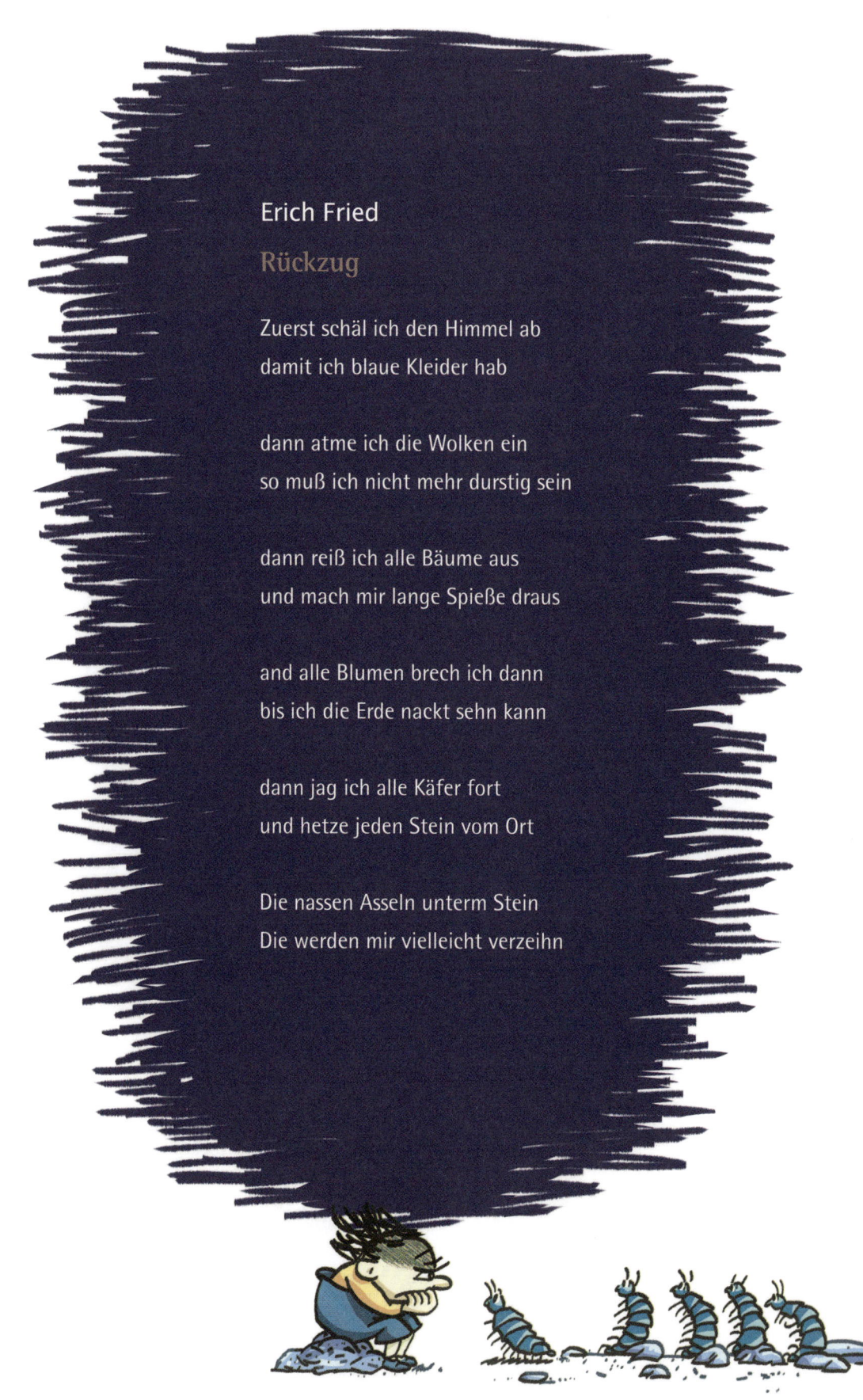

Erich Fried

Rückzug

Zuerst schäl ich den Himmel ab
damit ich blaue Kleider hab

dann atme ich die Wolken ein
so muß ich nicht mehr durstig sein

dann reiß ich alle Bäume aus
und mach mir lange Spieße draus

and alle Blumen brech ich dann
bis ich die Erde nackt sehn kann

dann jag ich alle Käfer fort
und hetze jeden Stein vom Ort

Die nassen Asseln unterm Stein
Die werden mir vielleicht verzeihn

Paul Maar   61

Regenpferd und Seewurm

Regenschwein und Warzenwurm,
Haipferd, Nasfisch, Nilbär, Eishorn,
Buchlaus, Seefink, Walhund, Blattross,
Brillenauge, Pfauenschlange,
Gürtelfrosch und Wettertier –
Irgendetwas stimmt nicht hier!

Dieter Mucke

Die fliegende Kaffeemühle

Gibt es fliegende Untertassen?
Du brauchst nur mal eine fallen zu lassen.

Ich will niemanden belügen.
Sogar Kaffeeservice fliegen.

Dann sind sie jedoch kaputt oder krank
Und es fehlen ein paar Tassen im Schrank.

Kürzlich sah ich ein komisches Ding
Das als Kaffeemühle am Himmel hing.

Die Leier drehte sich schnurrend von selber
Und flog mit dem Kasten über die Felder.

Aber die Mühle war nicht ganz dicht.
Weil etwas herausgerieselt ist.

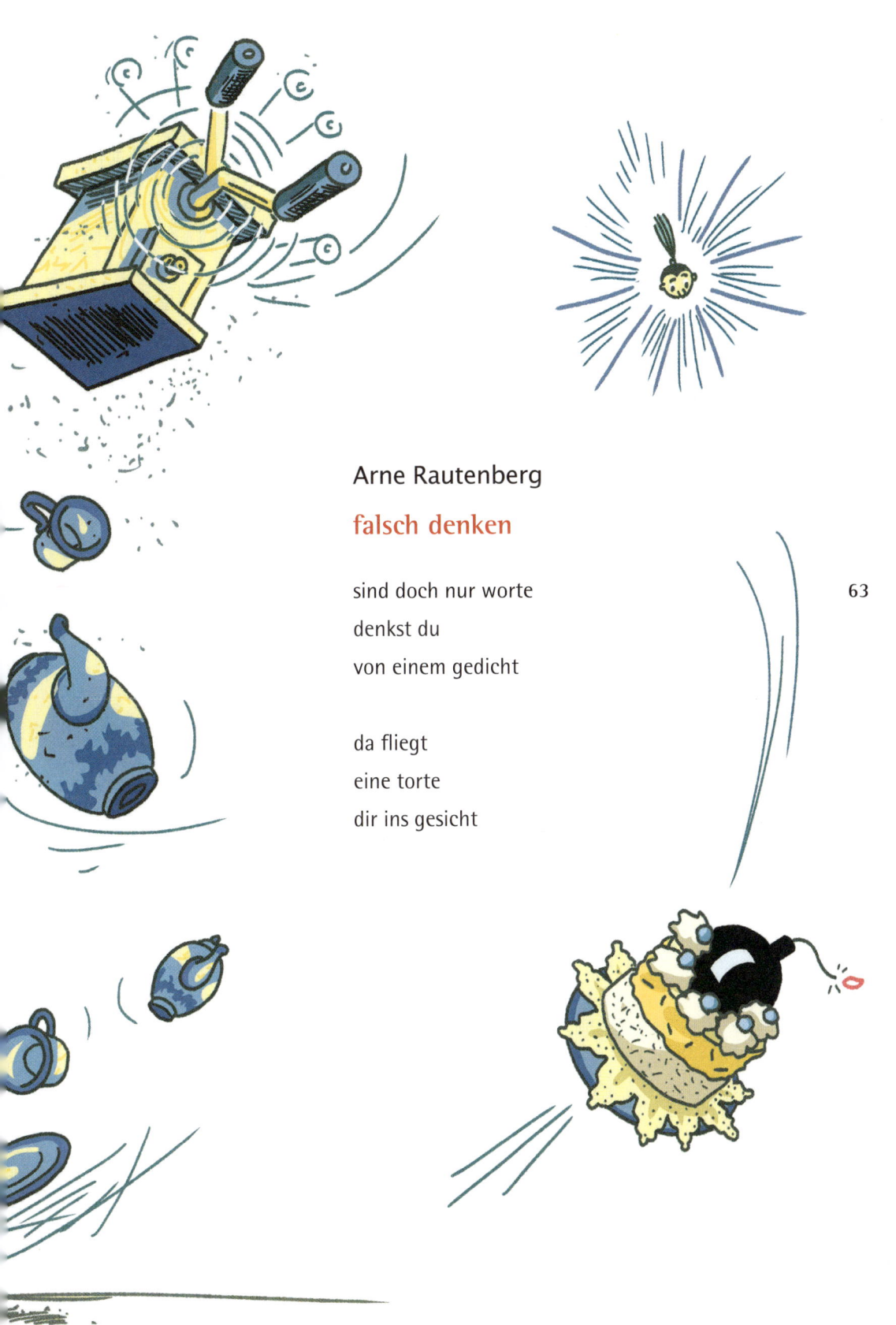

Arne Rautenberg

falsch denken

sind doch nur worte
denkst du
von einem gedicht

da fliegt
eine torte
dir ins gesicht

63

F. W. Bernstein

Dreizeiler

Drei mal drei ist hundertzehn,
wer das leugnet, muß gestehn,
ist's auch falsch in dieser Welt,
anderswo könnt's stimmen, gelt?

64

Uwe-Michael Gutzschhahn

Himmelsschar

Als der Schimmel von Jörg Immel
mit Gebimmel fuhr gen Himmel,
klang im Himmel das Gebimmel
von dem Schimmel des Jörg Immel
und der Schimmel im Gebimmel
sah im Himmel statt Jörg Immel
großes Schimmelschargewimmel.

Christa Reinig

Endlich

endlich entschloß sich niemand
und niemand klopfte
und niemand sprang auf
und niemand öffnete
und da stand niemand
und niemand trat ein
und niemand sprach: willkommen
und niemand antwortete: endlich

Karl Valentin

Romanze in C-moll

Es war ein Sonntag hell und klar,
Ein Sonntag, wirklich wunderbar,
Der Sonntag war so einzig schön,
Ich hab' nicht leicht an schöner'n g'sehn,
Es geht ei'm wirklich durch's Gemüt,
Wenn man an solchen Sonntag sieht.
Doch dauerte es gar nicht lang,
Weil bald der Abend kam heran,
Stockfinster wurd' es um mich her
Und so sah ich keinen Sonntag mehr.

Ein Auto stand an einem Eck
Und fuhr von seinem Platz nicht weg;
Ich tat's betrachten hin und her
Und wie von Stein war der Chauffeur.
Es roch auch gar nicht nach Benzin,
Ich griff dann mit dem Finger hin,
Da wurd' mir erst die Sache klar,
Daß das nur hingemalen war.
Das Auto, das stand immer stad,
's war nur ein großes Wandplakat.

An der elektrischen Straßenbahn,
Da hängt oft hint' ein Wagen dran,
Der Wagen, der da hängt daran,
Anhängewagen heißt er dann.
Er hängt daran nur dann und wann
An der elektrischen Straßenbahn,
Doch hängt er einmal nicht daran,
Was auch sehr oft stattfinden kann,
Dann kann es doch nicht anders sein,
Dann fährt der vord're Wagen allein.

Gustav Falke

Närrische Träume

Heute nacht träumte mir, ich hielt
Den Mond in der Hand,
Wie eine große, gelbe Kegelkugel,
Und schob ihn ins Land,
Als gält' es alle Neune.
Er warf einen Wald um, eine alte Scheune,
Zwei Kirchen mitsamt den Küstern, o weh,
Und rollte in die See.

Heute nacht träumte mir, ich warf
Den Mond ins Meer.
Die Fische all erschraken, und die Wellen
Spritzten umher
Und löschten alle Sterne.
Und eine Stimme, ganz aus der Ferne,
Schalt: Wer pustet mir mein Licht aus?
Jetzt ist's dunkel im Haus.

Heute nacht träumte mir, es war
Rabenfinster rings.
Da kam was leise auf mich zugegangen,
Wie auf Zehen ging's.
Da wollt' ich mich verstecken,
Stolperte über den Wald, über die Scheune vor Schrecken,
Über die Kirchen mitsamt den Küstern, o weh,
Und fiel in die See.

Heute nacht träumte mir, ich sei
Der Mond im Meer.
Die Fische alle glotzten und standen
Im Kreis umher.
So lag ich seit Jahren,
Sah über mir hoch die Schiffe fahren,
Und dacht', wenn jetzt wer über Bord sich biegt
Und sieht, wer hier liegt,
Zwischen Schollen und Flundern,
Wie wird der sich wundern!

69

Georg Kreisler

Mondlandschaft

Wache Molche suchen leise
nach dem Netz der Müdigkeit.
Weiche Dolche fluchen weise.
Eine Birke steht allein in ihrem Leid.

Kuttenmönche ohne Schatten
schleppen Feigen durch den Schnee.
Die ihn mit Zitrone hatten,
wiederkauen ihren gestrigen Tee.

70

Eine Kuh und eine Hexe
warten bis der Acker stirbt.
Krähen machen weiße Kleckse.
Hört ihr, wie die mürbe Semmel zirpt?

Heinz Erhardt

Der Regenwurm

Ein langer dicker Regenwurm
geriet in einen Wirbelsturm,
der trug ihn bis zum Himmel.
Nun dient er oben, nein, wie fein,
dem allerliebsten Engelein
als Klöppel einer Bimmel.

Unbekannter Verfasser

Kuriositäten

Ein passendes Korsett für einen Meerbusen;
Etwas zu schmecken für eine Landzunge;
Einen Schleier für das „Auge der Nacht";
Vorhänge für das Bett des Flusses;
Einen Ärmel für einen Meeresarm;
Eine Form für einen Volksauflauf;
Einen Ring für den Finger der Gerechtigkeit;
Das Titelblatt zum Buche der Natur;
Ein Paar Pantoffeln für die Versfüße;
Einen Blumentopf für eine Gesichtsrose;
Einen Kalender für die Flegeljahre;
Einen Löschmann für den Feuerbach, und
Eine vollständige Einrichtung für ein Ungemach.

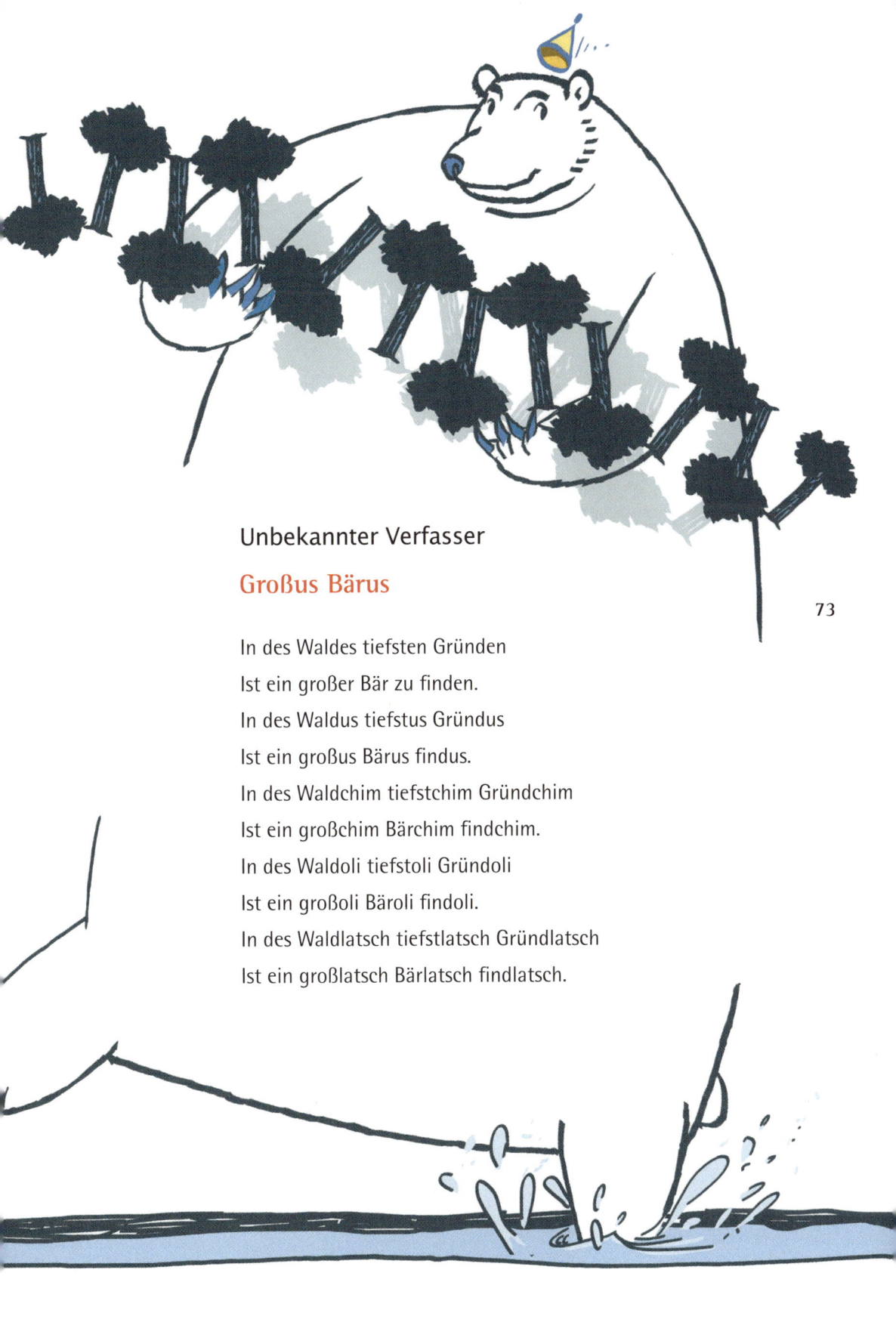

Unbekannter Verfasser

Großus Bärus

In des Waldes tiefsten Gründen
Ist ein großer Bär zu finden.
In des Waldus tiefstus Gründus
Ist ein großus Bärus findus.
In des Waldchim tiefstchim Gründchim
Ist ein großchim Bärchim findchim.
In des Waldoli tiefstoli Gründoli
Ist ein großoli Bäroli findoli.
In des Waldlatsch tiefstlatsch Gründlatsch
Ist ein großlatsch Bärlatsch findlatsch.

Ernst Jandl

immer höher

74

DER MANN STEIGT AUF DEN SESSEL

der mann steht auf dem sessel

DER SESSEL STEIGT AUF DEN TISCH

der mann steht auf dem sessel

der sessel steht auf dem tisch

DER TISCH STEIGT AUF DAS HAUS

der mann steht auf dem sessel

der sessel steht auf dem tisch

der tisch steht auf dem haus

DAS HAUS STEIGT AUF DEN BERG

der mann steht auf dem sessel

der sessel steht auf dem tisch

der tisch steht auf dem haus

das haus steht auf dem berg

DER BERG STEIGT AUF DEN MOND

der mann steht auf dem sessel

der sessel steht auf dem tisch

der tisch steht auf dem haus

das haus steht auf dem berg

der berg steht auf dem mond

DER MOND STEIGT AUF DIE NACHT

der mann steht auf dem sessel

der sessel steht auf dem tisch

der tisch steht auf dem haus

das haus steht auf dem berg

der berg steht auf dem mond

der mond steht auf der nacht

Unbekannter Verfasser

Fünf Minuten vor Anfang der Welt
Ging ich auf ein Kornfeld
Um Bananen zu pflücken vom Kirschbaum
Da kam der Besitzer des Apfelbaums und sagte:
Willst du mal runter vom Birnbaum
Ich stieg herunter
Da geriet ich in eine Wüste
Da kam ich an ein schwarzes Haus
Da schaute ein weißer Neger heraus
Der sprach: Salam aleikum
Ich verstand ich sollte mal reinkomm'

Und ging hinein
Da kam ich in ein Zimmer mit vier runden Ecken
In einer Ecke stand ein Pastor
Der predigte aus der zugeschlagenen Bibel was vor
Er sprach: Wie weit bist du
Ich verstand: Wie weit pißt du
Von hier bis an die Wand
Er sprach: Weiß ist die Wand
Ich verstand: Scheiß auf die Bank
Und tat es
Da schrie er: Selig sind die Toten
Ich verstand: Beiß mir in die Pfoten
Und biß ihn

Da kamen auf einmal viele Leute herein
Die packten mich an Armen und Beinen
Und warfen mich in eine tiefe Grube hinein
Ich aber sang mir eine Tonleiter
Und stieg wieder heraus.   **77**

78

Christian Morgenstern

Problem

Es flog ein Stein so weit, so weit –
und hatte doch kein Federkleid!
(Es wär ihm ja zu gönnen ...)
Indessen, rechte Seltsamkeit,
daß Steine – fliegen können!

Unbekannter Verfasser

Keine Ballade

's war keine wundervolle Sommernacht,
kein Mond ging auf in majestät'scher Pracht,
es ging kein Liebespaar durch jenen dunklen Wald,
es lauscht kein Nebenbuhler dort im Hinterhalt,
sie setzen sich sogar auf keine grüne Bank,
von ferne hört man nicht des Abendglöckleins Klang,
kein Häschen schreckte auf durch fernen Posthornschall,
im dunklen Fliederbusch sang keine Nachtigall,
es zog kein junger Bursch vorbei an Liebchens Haus,
es guckt kein Lockenkopf zum kleinen Fenster raus,
kein Kettenhund war da, zu schützen seinen Herrn,
am hohen Himmelszelt erglänzte auch kein Stern,
aus jenem Felsen dort entsprang kein Bächlein klar,
nicht mal die Sonne schien – weil überhaupt nichts war!

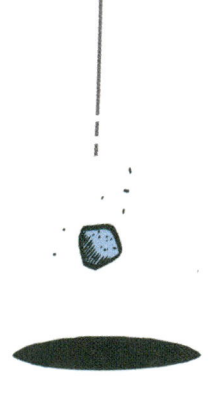

Fred Endrikat

Sprichwörter

Man darf dem Tag nicht vor dem Abend dankbar sein
und soll das Schicksal nicht für alles loben.
Ein Gutes kommt niemals allein,
und alles Unglück kommt von oben.

Die Peitsche liegt im Weine.
Die Wahrheit liegt beim Hund.
Morgenstund hat kurze Beine.
Lügen haben Gold im Mund.

Ein Meister nie alleine bellt.
Vom Himmel fallen keine Hunde.
Dem Glücklichen gehört die Welt.
Dem Mutigen schlägt keine Stunde.

Unbekannter Verfasser

Es kann vorkommen
Dass die Nachkommen
Mit ihrem Einkommen
Nicht auskommen
Und dabei vollkommen
Umkommen

81

Unbekannter Verfasser

Guten Hut!

Vorigen Handschuh verlor ich meinen Herbst,
da ging ich ihn finden, bis ich ihn suchte.
Da kam ich an eine Guckte und schlucht hinein,
da saßen drei Stühle auf drei großen Herren,
da nahm ich meinen Tag und sagte:
guten Hut, meine Herren,
hier bring ich drei Pfund Strümpfe für drei Paar Garn,
sie sollten morgen fertig werden,
dass ich sie heut noch anziehen kann.

82

Yaak Karsunke

Karte aus Paris

Wie du weißt
bin ich verreist
& mache eine Pause
von zuhause:

Jetzt hab ich eine Bleibe hier
da ess ich meine Scheibe Bier
& trink ein Gläschen Leberwurst
gegen meinen Wissensdurst

Heinz Janisch

Achtung!

Wer einen Purzelbaum schlägt
wird vom Förster geholt!

84

Jutta Richter

Das Riesenkind

Tief unten auf dem hohen Turm
in stillem Licht und wildem Sturm
da sitzt ein kleines Riesenkind

Es streichelt sanft mit fester Hand
ein Mutter- und ein Vaterland
bis alle Berge lachen

Das Riesenkind ist winzig klein
es fallen ihm Gedanken ein
ganz heiter und voll Sorgen

Es denkt dass heute gestern ist
bevor der Mond die Sonne frisst
an jedem neuen Morgen

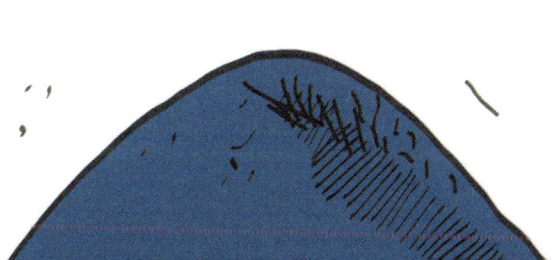
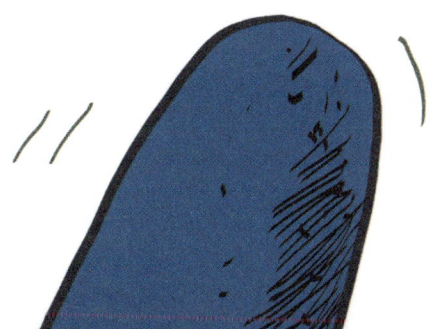

Erich Mühsam

Die Ahnung

Ich trank meinen Morgenkaffee und ahnte nichts Böses.

Es klingelte. Ich ahnte noch immer nichts Böses.

Der Briefträger brachte mir ein Schreiben.

Nichts Böses ahnend, öffnete ich es.

Es stand nichts Böses darin.

Ha! Rief ich aus. Meine Ahnung hat mich nicht betrogen.

Kurt Schwitters

Kaffeeklatsch

Frau Müller, Frau Meier, Frau Schulze, Frau Schmidt,
die saßen zusammen beim Kaffee zu dritt.
Die vierte war nämlich zu Hause,
Sie hatte Kaffeeklatschpause.
Die anderen aber berieten zu zwein,
Wer von den Vieren die Dritte sollt sein,
Und kamen in hitzigem Rate
Zu keinerlei Schlussresultate.

Robert Gernhardt

Die kaiserliche Botschaft

So hört mich an, o meine Knappen:
Ab jetzt sind alle Schimmel Rappen.
Und alle Rappen heißen Bären,
womit wir schon beim Thema wären.
Denn Bären ist ab heut' verboten,
bei Tag zu mähen und zu schroten,
sowie das Schroten und das Mähen
bei Nacht, weil sie dann eh nichts sehen.
Befehl ist auch, daß sie ab nun
nicht das, was ich befehle, tun,
denn die Befehle gelten nur
von kurz vor zwölf bis tausend Uhr
und sollen zu nichts weiter führen,
als an den Schlaf der Welt zu rühren.
Doch sollte dieser Plan nicht klappen,
sind alle Bären wieder Rappen
und alle Rappen wieder Schimmel,
das gilt auf Erden wie im Himmel,
im Jenseits und in dieser Welt
und ganz speziell für Bielefeld.
So. Stellt das Radio etwas leiser,
ich will jetzt schlafen
                                      Euer Kaiser

Im Schattenhaus katzt eine Schnurre.

Erich Mühsam

Das war das Fräulein Liebetraut,
Das an den Folgen einer Traube litt.
Quälend rumorten ihre Triebe laut,
Weshalb sie schnell in eine Laube tritt.

Michael Schönen

Überschrift Doppelpunkt Diktat

Wie soll ich Dich denn nur erreichen
Komma Geliebte Fragezeichen
Denn ich gestehe Doppelpunkt
Es hat bei mir schon längst gefunkt
Punkt Dann ein Absatz Neuer Satz
Laß Dich umarmen Komma Schatz
Ausrufezeichen Neue Zeile
Bis ich in Deine Arme eile
Komma träum ich nur von Dir
Semikolon schreibe mir
Punkt Mein Herz Gedankenstrich
es rast und brennt und schlägt für Dich
Komma nur für Dich allein
Ausrufezeichen Absatz Dein
Verehrer Klammer auf dann groß
Verwirrt Komma und ruhelos
durch Dich Komma Geliebte Du
Ausrufezeichen Klammer zu

Lothar Selow

Riesenliebe

Wo immer ich den Riesenleib
im Gras an meiner Liesen reib,
stets spüre ich am leisen Rieb:
Mit mir hat sie das Reisen lieb.

Einmal kam ein Gewitter leis,
der Regen fiel fast literweis.
Zum Laubdach ich, der Leiter, wies
und sprach: Wir machen weiter, Lies!

So halte ich bei Liesen Rast,
und sie genießt des Riesen Last.
Ihr andern, wie wir lasen, risst
gleich aus. Euch fehlt die Rasenlist.

Unbekannter Verfasser

Allegorisches Sonett

Amanda, liebstes Kind, du Brustlatz kalter Herzen,
Der Liebe Feuerzeug, Goldschachtel edler Zier,
Der Seufzer Blasebalg, des Trauerns Löschpapier,
Sandbüchse meiner Pein und Baumöl meiner Schmerzen,

Du Speise meiner Lust, du Flamme meiner Kerzen,
Nachtstühlchen meiner Ruh, der Poesie Klystier,
Des Mundes Alekant, der Augen Lustrevier,
Der Komplimenten-Sitz, du Meisterin im Scherzen,

Der Tugend Quodlibet, Kalender meiner Zeit,
Du Andachts-Fackelchen, du Quell der Fröhlichkeit,
Du tiefer Abgrund du, voll tausend guter Morgen,

Der Zungen Honigsaft, des Herzens Marzipan,
Und wie man sonst dich noch, mein Kind, beschreiben kann,
Lichtputze meiner Not und Flederwisch der Sorgen.

Christian Morgenstern

Der Seufzer

Ein Seufzer lief Schlittschuh auf nächtlichem Eis
und träumte von Liebe und Freude.
Es war an dem Stadtwall, und schneeweiß
glänzten die Stadtwallgebäude.

Der Seufzer dacht' an ein Maidelein
und blieb erglühend stehen.
Da schmolz die Eisbahn unter ihm –
und er sank – und ward nimmer gesehen.

Unbekannter Verfasser

Holder Engel Pumpenschwengel
Heißgeliebtes Trampeltier
Du hast Augen wie Sardellen
Alle Ochsen gleichen dir.
Du bist gerührt wie Apfelmus
Und kernig wie Spinat
Dein Herz schlägt wie ein Pferdefuß
Wenn du Geburtstag hast.

Hanns von Gumppenberg

Sommermädchenküssetauschelächelbeichte

An der Murmelrieselplauderplätscherquelle
Saß ich sehnsuchtstränentröpfeltrauerbang:
Trat herzu ein Augenblinzeljunggeselle
In verweg'nem Hüfteschwingeschlendergang,
Zog mit Schäkerehrfurchtsbittegrußverbeugung
Seinen Federbaumelriesenkrämpenhut –
Gleich verspürt' ich Liebeszauberkeimeneigung,
War ihm zitterjubelschauderherzensgut!

Nahm er Platz mit Spitzbubglücketückekichern,
Schlang um mich den Eisenklammermuskelarm:
Vor dem Griff, dem grausegruselsiegesichern,
Wurde mir so zappelseligsiedewarm!
Und er rief: „Mein Zuckerschnuckelpützelkindchen,
Welch ein Schmiegeschwatzeschwelgehochgenuß!"
Gab mir auf mein Schmachteschmollerosenmündchen
Einen Schnurrbartstachelkitzelkosekuß.

Da durchfuhr mich Wonneloderflackerfeuer –
Ach, das war so überwinderwundervoll ...
Küßt' ich selbst das Stachelkitzelungeheuer,
Sommersonnenrauschverwirrungsrasetoll!
Schilt nicht, Hüstelkeifewackeltrampeltante,
Wenn dein Nichtchen jetzt nicht knickeknirschekniet,
Denn der Plauderplätscherquellenunbekannte
Küßte wirklich wetterbombenexquisit!!

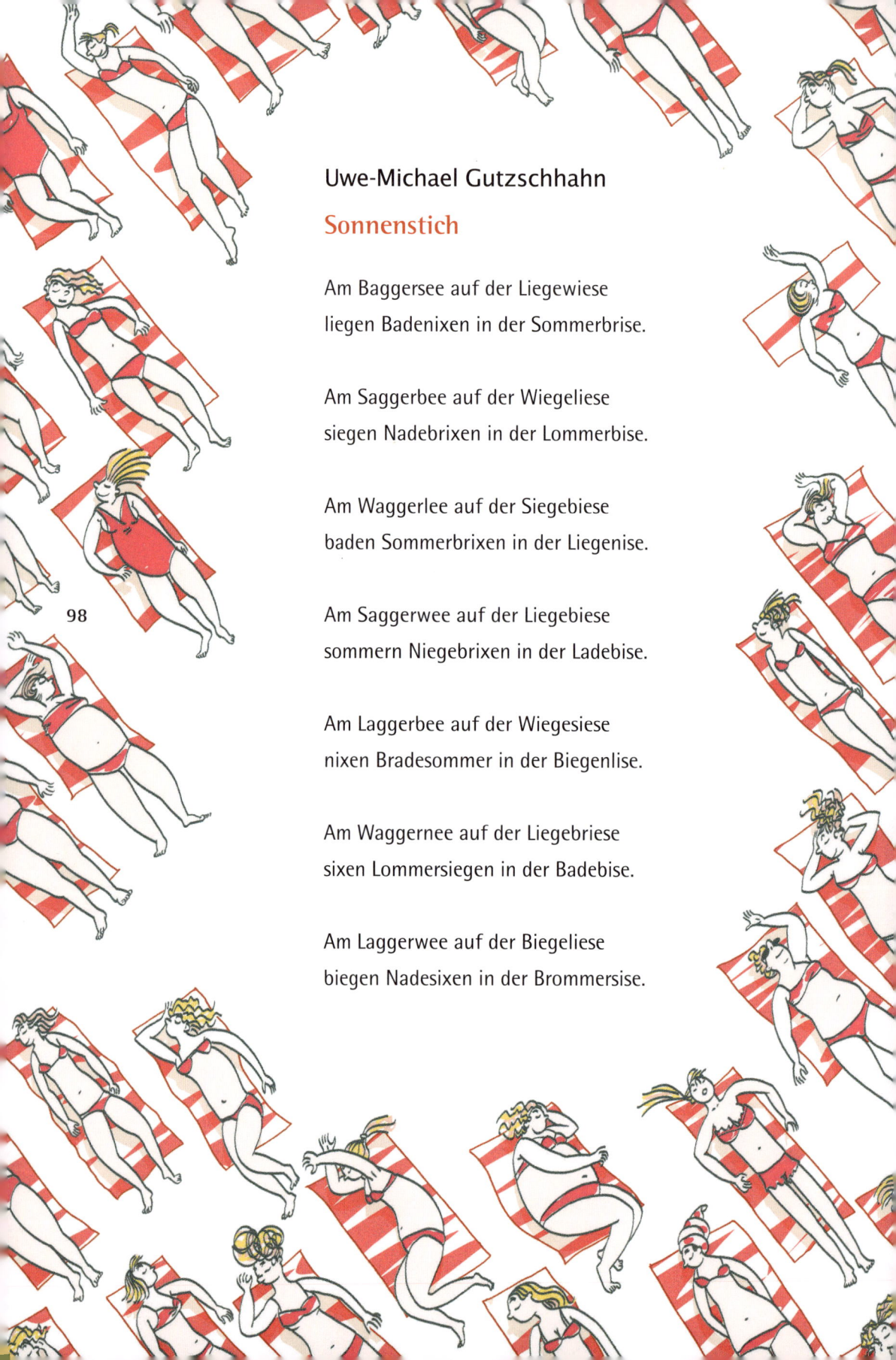

Uwe-Michael Gutzschhahn

Sonnenstich

Am Baggersee auf der Liegewiese
liegen Badenixen in der Sommerbrise.

Am Saggerbee auf der Wiegeliese
siegen Nadebrixen in der Lommerbise.

Am Waggerlee auf der Siegebiese
baden Sommerbrixen in der Liegenise.

Am Saggerwee auf der Liegebiese
sommern Niegebrixen in der Ladebise.

Am Laggerbee auf der Wiegesiese
nixen Bradesommer in der Biegenlise.

Am Waggernee auf der Liegebriese
sixen Lommersiegen in der Badebise.

Am Laggerwee auf der Biegeliese
biegen Nadesixen in der Brommersise.

98

Arne Rautenberg

hebe den arm

so schwindet der kopfstich dank
ratiopharm

das denken floriert wieder einfach und
lahm

in der ferne ziehen die wolken schon
zahm

am telegrafenmast pulkt ein
starenschwarm

noch im lauesten lüftchen tarnt sich
alarm

unter der decke dein körper so
warm

Hans A. Halbey

Pampelmusensalat

Bei der Picknickpause in Pappelhusen
aß Papa mit Paul zwei Pampelmusen.
Doch bei dem Pampelmusengebabbel
purzelte plötzlich der Paul von der Pappel
mit dem Popo in Papas Picknickplatte,
wo Papa die Pampelmusen hatte.
„O Paul", schrie Papa, „du bist ein Trampel!
Plumpst mitten in meine Musepampel –
ich wollte sagen: in die Mampelpuse – –
nein: Pumpelmase – nein: Pampelmuse!!"
Das gab vielleicht ein Hallo!
Die Pappeln, der Papa, der Paul und sein Po,
das Picknick, die Platte (um die war es schad') –
das war ein Pampelmusensalat!

Unbekannter Verfasser

Ballade

Es saß in seinem Burgverlies
der grause Ritter Riziniß,
jedoch der Ritter Rozinoß
saß stolz und kühn auf seinem Roß.

Im Burgverlies, wenn Rozinoß,
und Rizinis auf stolzem Roß,
wär' Rozinoß im Burgverlies,
auf stolzem Roß der Riziniß.

So aber sitzt auf stolzem Roß
der kühne Ritter Rozinoß,
jedoch in seinem Burgverlies,
da sitzt der grause Riziniß.

James Krüss

Im A-Bee-Zoo

Die A-Bee-Cedern ragen
Bis zu den Wolken fast.
Die Dee-E-Effchen wagen
Sich kühn von Ast zu Ast.
Die Gee-Haa-Igel krauen
Sich nie am spitzen Fell.
Die Jott-Ka-Elstern klauen
Fast alles und sehr schnell.
Die Emm-Enn-Ottern und -Nattern
Sind schlank und schnell und schlau.

Die Pee-Qu-Erpel schnattern
Mit ihrer Entenfrau.
Die Ess-Tee-Uhus haben
Ein komisches Gesicht.
Die Vau-Wee-Ixen-Raben,
Die gibt es leider nicht.
Die Ypsilon-Zentauren
Gibt's gleichfalls nirgendwo.
Das ist sehr zu bedauren,
Und darum schließt der Zoo.

Erich Fried

Freie Wahl mit guten Vorsätzen

am Beispiel üste

Die üste hat die freie Wahl:
Wenn sie ein W wählt bleibt sie kahl
Wenn sie ein K wählt wird sie naß –
Die freie Wahl macht keinen Spaß

Joachim Ringelnatz

Gedicht in Bi-Sprache

Ibich habibebi dibich,
Lobittebi, sobi liebib.
Habist aubich dubi mibich
Liebib? Neibin, vebirgibib.

Nabih obidebir febirn,
Gobitt seibi dibir gubit.
Meibin Hebirz habit gebirn
Abin dibir gebirubiht.

Hans Manz

Achterbahnträume

8
W8soldaten
bew8en
W8eln in Scha8eln
und d8en:
„Auf der W8
um Mittern8
werden Feuer entf8
und die W8eln
geschl8et.
Wir haben lange genug geschm8et."

„8ung",
d8en die W8eln,
„wir öffnen mit Sp8eln
die Sch8eln,
denn der Verd8,
dass man uns hinm8,
ist angebr8",
und entflogen s8
abends um
8

Erich Fried

Leilied bei Ungewinster

Tschill tschill mein möhliges Krieb
Draußen schnirrt höhliges Stieb

Draußen schwirrt kreinige Trucht
Du aber bist meine Jucht

Du aber bist was mich tröhlt
Dir bin ich immer gefröhlt

Du bist mein einziges Schnülp
Du bist mein Holp und mein Hülp

Wenn ich allein lieg im Schnieb
Denk ich an dich mein Krieb

105

Uwe-Michael Gutzschhahn

Liebe Not

Schöne, sag nicht, bitte wende
dich von mir, o Gott, ich fände
das ein schaurig tristes Ende
für das sonst so bewegende
Liebesspiel an deiner Lende.

Deshalb ruf ich dir behände
seltsam reimende Momende
in Erinnerung und schände
manches Verswort, das ich sende
aus Verzweiflung, du Liebende.

Unbekannter Verfasser

An Gabriele

Ob ich in *Riga lebe*,
ob ich an der *Elbe agir*,
ob ich mich in *Bari lege*
und die *Lira gebe* dafür;

ob ich dem *Ali gerbe*
das Fell in *Balgerei:*
vor *Labegier* ich sterbe –
Gott steh meinem *Lager bei*!

Ob der *Rabe geil* meiner lauert,
ob das *arge Blei* mich bedroht,
ob der *gare Leib* mir erschauert
vor dem *Ragebeil*, vor dem Tod:

Zu dir nur mich *arg beeil* ich,
zög gerne den *Riegel ab* –
Beilager, Gabriele!
Und ging's ins *Eilegrab*!

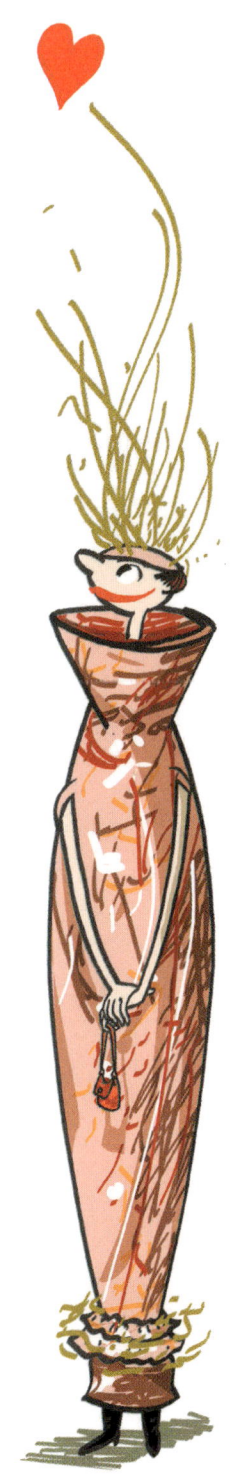

Fred Endrikat

Die Wühlmaus

Die Wühlmaus nagt von einer Wurzel
das W hinfort, bis an die -urzel.
Sie nagt dann an der hintern Stell'
auch von der -urzel noch das l.

Die Wühlmaus nagt und nagt, o weh,
auch von der -urze- noch das e.
Sie nagt die Wurzel klein und kurz,
bis aus der -urze- wird ein -urz--.

Die Wühlmaus ohne Rast und Ruh
nagt von dem -urz-- auch noch das u.
Der Rest ist schwer zu reimen jetzt,
es bleibt zurück nur noch ein --rz--.
Nun steht dies --rz-- im Wald allein.
Die Wühlmäuse sind so gemein.

Ernst Jandl

lichtung

manche meinen
lechts und rinks
kann man nicht
velwechsern.
Werch ein illtum!

Unbekannter Verfasser

Der Liebe höchstes Lied

Es lebt der Zobel in Sibirien,
in der Sahara lebt der Gnu,
es lebt der Säufer in Delirien –
in meinem Herzen lebst nur du!

Es schwimmt im Öle die Sardine,
doch schwimmt sie drin nur ab und zu,
in ihrem Honig schwimmt die Biene –
in meinem Herzen schwimmst nur du!

Es sitzt der Kutscher auf dem Bocke,
der Geizhals sitzt auf seiner Truh,
die Gregarine in der Locke –
in meinem Herzen sitzt nur du!

An Meeresklippen hängen Algen,
die Jungfrau hängt ihr Fenster zu,
es hängt der Räuber an dem Galgen –
an meinem Herzen hängst nur du!

Es liegt der Stier in heißen Tagen
am Bachesrand in stiller Ruh,
es liegt der Knödel in dem Magen –
in meinem Herzen liegst nur du!

Im seidnen Kleide steckt die Schöne,
doch steckt sie drin nur ab und zu,
in Lederhosen stecken Beene –
in meinem Herzen steckst nur du!

Es spuckt der Hausknecht in die Hände,
beim Wichsen spuckt er auf die Schuh,
der Pferdeknecht spuckt an die Wände –
in meinem Herzen spukst nur du!

Arne Rautenberg

wenn der reiher reinhard in den rhein rein reihert
reihert der reiher reinhard in den rhein rein

Erich Fried

Herbstmorgen in Holland

Die Nebelkuh
am Nebelmeer
muht nebel mei-
nem Bahngleis her

nicht *neben*, denn
wo Nebel fällt,
wird auch das n
zum l entstellt

Robert Gernhardt

Der Tag, an dem das   verschwand

Am Tag, an dem das   verschwand,
da war die uft vo Kagen.
Den Dichtern, ach, verschug es gatt
ihr Singen und ihr Sagen.

Nun gut. Sie haben sich gefaßt.
Man sieht sie wieder schreiben.
Jedoch:
Soang das   nicht wiederkehrt,
muß aes Fickwerk beiben.

113

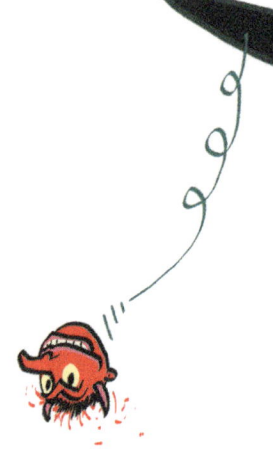

Paul Maar

Land auf dem Sonntag

Im Scheinensonn
taubt eine Gurre,
im Schattenhaus
katzt eine Schnurre.

Es hummelt eine Brumm
wie ein Wagenlast.
Sanft schweint ein Grunz
vor der Wirtschaftsgast.

Im Weiherdorf
froscht tief der Tauch.
Oben am Dachhaus
schlotet der Rauch.

Ein Pinkel, der hundet
auf Blumenmohn.
Der Schimpf vatert laut
im Zimmerwohn.

Ein Fahrersonntag
wagent den Wende.
Das dauert zu lange,
drum gedichtet das Ende.

Uwe-Michael Gutzschhahn

Kopfstand

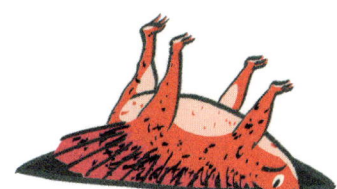

Es amseln die Zwitschern.
Es grillen die Zirpen.
Es pferden die Wieher.
Es bienen die Summen.
Es gänsen die Schnatter.
Es hirschen die Röhre.
Es enten die Quaken.
Es mäusen die Pfeife.
Es kühen die Muhe.
Es raben die Krächzen.
Es igeln die Kecker.
Es wölfen die Heule.
Es tauben die Gurren.
Es schweinen die Grunze.
Es hühnern die Gacker.
Es katzen die Fauchen.
Es schafen die Blöke.
Es hunden die Belle.

Die kopf steht Erde.
Aus den Gelden fällt Tasch.
Ich Leute euch sage:
Die Welt überrascht.

115

Franz Fühmann

Liedchen

In ihr Maushaus
lief die Hausmaus,
doch sie hielt's nicht lang drin aus,
denn im Dreckeck
lag viel Eckdreck,
und das war ein großer Graus.

In dem Wurmturm
ächzt ein Turmwurm,
und er ächzt so schauerlich,
weil der Fuchsluchs
mit dem Luchsfuchs
gestern ums Gemäuer strich.

In dem Zwergberg
sitzt der Bergzwerg,
und er sehnt sich jedes Jahr
nach dem Strandsand
fern am Sandstrand,
wo er mal auf Urlaub war.

Und der Dachslachs
huscht zum Lachsdachs,
den er aus der Schule kennt,
und der Spechthecht
ruft zum Hechtspecht:
Endlich ist das Lied zu End'!

Friedrich Hoffmann

Spatzensalat

Auf dem Kirschbaum Schmiroschmatzki
saß ein Spatz mit seinem Schatzki,
spuckt die Kerne klipokleini
auf die Wäsche an der Leini.
Schrie die Bäurin Bulowatzki:
„Fort ihr Tiroteufelsbratzki!"
Schrie der Bauer Wirowenski:
„Wo sind meine Kirschokenski?
Fladarupfki! Halsumdratski!
Hol der Henker alle Spatzki!"

Jürgen Spohn

Hochzeit

In einem
GUMMI-
BÄRCHEN-
MÄRCHEN
wird aus dem
GUMMI-
BÄRCHEN-
KLÄRCHEN
und
GUMMI-
BÄRCHEN-
OTTOKÄRCHEN
ein
GUMMI-
BÄRCHEN-
MÄRCHEN-
PÄRCHEN

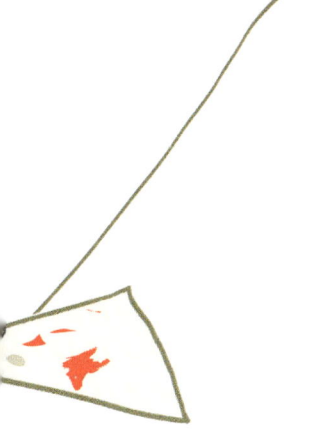

Jürgen Spohn

Alphabet

Vokalen und auch
Konsonanten
Nichten, Neffen
Onkeln, Tanten
(nebst entfernteren
Verwandten)
geht es wie?
Ach ja, es geht!
Familienfest
im Alphabet
Zischlaut, Umlaut
EU und AU
Kind und Kegel
Mann und Frau
Nur das EI
war nicht dabei

Es will erst aus
der Henne raus

Jagst du Flöhe mit dem Hammer,
gibt es Knochensplitt und Jammer.

Manfred Schlüter

Das Leibgericht

Sieht Berta, meine Blattlaus,
vielleicht mal etwas matt aus,
dann sucht sie sich ein Blatt aus
und sieht bald wieder satt aus.

122

Friedrich Ani

Falsche Richtung

Ein Pfau springt aus dem Schilf.
Was hat der vor? Maria, hilf!
Er will zum Watt.
Was soll'n dat?
Räder schlagen aufm Wasser?
Da wern die Möwen ja noch nasser.
Was? Ebbe is', es stinkt wie d' Sau?
Zurück ins Schilf, du doofer Pfau!

Friedrich Ani

Flugbegleiter

Zwei Wolken landeten auf einer Kuh.
Die wurde grad gemolken
und zwei Fliegen schauten zu.
Eine Fliege sprach zur Wolke:
„Stehst du auf Molke?"
„Nö! Davon muss ich speiben."
„Dann lass uns hier nicht bleiben", sprach die Fliege,
„bevor ich einen Koller kriege."
Die Fliegen, faul wie Schimmel,
hockten sich ins Wolkennest
und fliegen seither hoch am Himmel.
Für Wolken sind so Fliegen echt die Pest.

Arne Rautenberg

träumende eulen

wenn eulen
von säuen träumen
dann wühlen sie
im traum im dreck
dann fliegen
dem dreck plötzlich
die säue weg
wenn eulen
von säuen träumen
dann sitzen die säue
auf bäumen
und träumen
von eulen

Bertolt Brecht

Es war einmal ein Adler
Der hatte viele Tadler
Die machten ihn herunter
Und haben ihn verdächtigt
Er könne nicht schwimmen im Teich.
Da versuchte er es sogleich
Und ging natürlich unter.
(Der Tadel war also berechtigt.)

Unbekannter Verfasser

Es klapperten die Klapperschlangen,
bis ihre Klappern schlapper klangen.

Mascha Kaléko

Das aber denk ich mir zum Steinerweichen:
Als Schlange auch noch blind zu schleichen.

Hanna Johansen

Vom Löwen, der mich nicht fressen wollte

Im Traum sind Löwen meist allein.
Sie schauen in mein Zelt herein.
Sie schnurren, gähnen, schlafen ein.

„Wach auf, wenn du ein Löwe bist!
Ich will jetzt wissen, wie es ist,
wenn mich ein echter Löwe frißt!"

Zupf ich ihn an der Mähne,
bleckt er die weißen Zähne.
„Sei still", knurrt er, „ich gähne."

Rainer Kirsch

Flohjagd

1
Einen stach ein böser Floh.

2
Doch er fing ihn nirgendwo.

3
Um zu enden seine Plagen,
wollt er ihn mit Macht verjagen

und schlug da, wo's ihn grad juckte,
weil die Haut vom Flohbiß zuckte,

zu des armen Tieres Pein
mit dem Eisenhammer drein.

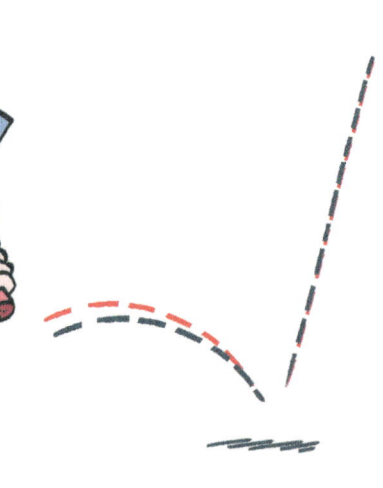

4

Doch das Tier entlief sogleich;
und er traf sein eignes Fleisch.

5

Und nach meh'ren harten Schlägen
hat wie tot er dagelegen.

6

Jagst du Flöhe mit dem Hammer,
gibt es Knochensplitt und Jammer.

Joachim Ringelnatz

Kniehang

Ich wollte, ich wär eine Fledermaus,
Eine ganz verluschte, verlauste,
Dann hing ich mich früh in ein Warenhaus
Und flederte nachts und mauste,
Daß es Herrn Silberstein grauste.
Denn Meterflaus, Fliedermus, Fledermaus –
(Es geht nicht mehr; mein Verstand läuft aus.)

Franz Hohler

Das Nashorn

Ich bin so groß, ich bin so schwer –
ich wollt, dass ich ein Vogel wär!
So rief das Nashorn einmal aus
und blieb dann wie bisher zu Haus.

131

Manfred Schlüter

Das Ständchen

Vor betagten Meisengreisen
aus gefragten Meisenkreisen
pfeifen dreißig Meisenwaisen
fleißig dreißig Meisenweisen.

Michael Ende

Die Ausnahme

Haben Katzen
auch Glatzen?
So gut wie nie!

Nur die fast unbekannte
sogenannte
Glatzenkatze,

die hat'se.
Und wie!

Michael Roher

Bon Apetit!

Eine faule graue Taube

schmauste Trauben in der Laube.

Da kam von links die schwarze Katz,

was Unglück bringt,

jedoch die Taube in der Laube

tat das ab als Aberglaube

und blieb sitzen faul am Platz.

Ein schneller Satz

und schmatz!

Pech für die Taube,

Glück für die Katz!

133

Unbekannter Verfasser

Im Walde

Im Walde in kühlem Schatten
lag ich auf grünen Matten,
da kamen zwei ganz große Ratten,
die zerfraßen mir meine schönen Krawatten.
Nun möcht' ich bloß wissen, was sie davon hatten.

Ernst Jandl

das grüne glas

man kann im grünen glas
sehr schön schwimmen
wenn man klein genug ist
zum beispiel eine mücke

Yaak Karsunke

Der Schakal

Der Schakal, der Schakal
ist viel kleiner als ein Wal
doch er sieht viel größer aus
als beispielsweise eine Maus.

Dem Schakal, dem Schakal
ist das allerdings egal
denn er liebt die Mittelgröße
& dazu Kartoffelklöße.   135

Peter Maiwald

Das Murmeltier

Das Murmeltier, das Murmeltier
das murmelt da, das murmelt hier
es murmelt morgens, mittags, nachts
nur abends nicht, da lachts.

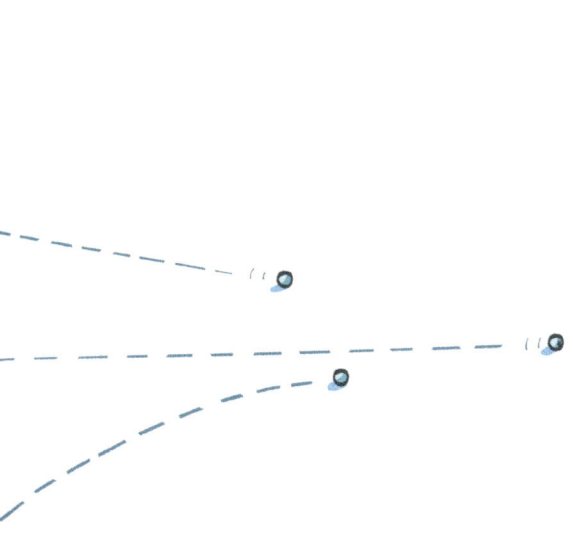

Christian Morgenstern

Die beiden Esel

Ein finstrer Esel sprach einmal
zu seinem ehlichen Gemahl:

„Ich bin so dumm, du bist so dumm,
wir wollen sterben gehen, kumm!"

Doch wie es kommt so öfter eben:
Die beiden blieben fröhlich leben.

Jan Koneffke

Lied vom Dromedar

Das Drom das Drom das Dromedar
mit Buck mit Buck mit Buckel
das kam das kam aus Afrika
nach Po nach Posemuckel
es fragt es fragt im Rathaus an
ob man es hinten kratzen kann

der Rat der Rat der hat getagt
und hat dem Dromedar gesagt
wenn du wenn du zwei Höcker hättst
dann wärst dann wärst du hier geschätzt
schleich dich schleich dich mit deinem Schorf
zum Kratzen nach Kleinkleckersdorf

das Drom das Drom das Dromedar
mit Buck mit Buck mit Buckel
schlich sich schlich sich dem Weinen nah
aus Po aus Posemuckel
als es Kleinkleckersdorf betrat
beriet Kleinkleckersdorfs Senat:

„Kleinkleckersdorf im Kleckerwald
ist keine Buckelkratzanstalt
nur wer nur wer zwei Höcker hat
hat Platz hat Platz in unserer Stadt
frag mal in Posemuckel an
mit deinem einen Buckel, Mann"

das Dromedar das ratlos war
mit Buck mit Buck mit Buckel
traf bald ein anderes Dromedar
das kam aus Posemuckel
es kratzte eins den anderen
und keines muss mehr wanderen

139

mit seinem Teufeljucktdasschorf
nach Pokleinmuckelkleckersdorf

Arne Rautenberg

die kuh die hat das glück geklaut

die kuh die hat das glück geklaut
glück geklaut
glück geklaut
weil sie andauernd glücksklee kaut
glücksklee kaut

sie kaut das erste glückskleeblatt
glückskleeblatt
glückskleeblatt
sie kaut das zweite glückskleeblatt
glückskleeblatt

sie kaut das dritte glückskleeblatt
glückskleeblatt
glückskleeblatt
sie kaut das vierte glückskleeblatt
glückskleeblatt

und wiederkäuen heißt ja bloß
heißt ja bloß
heißt ja bloß
das kauen geht von vorne los
vorne
los

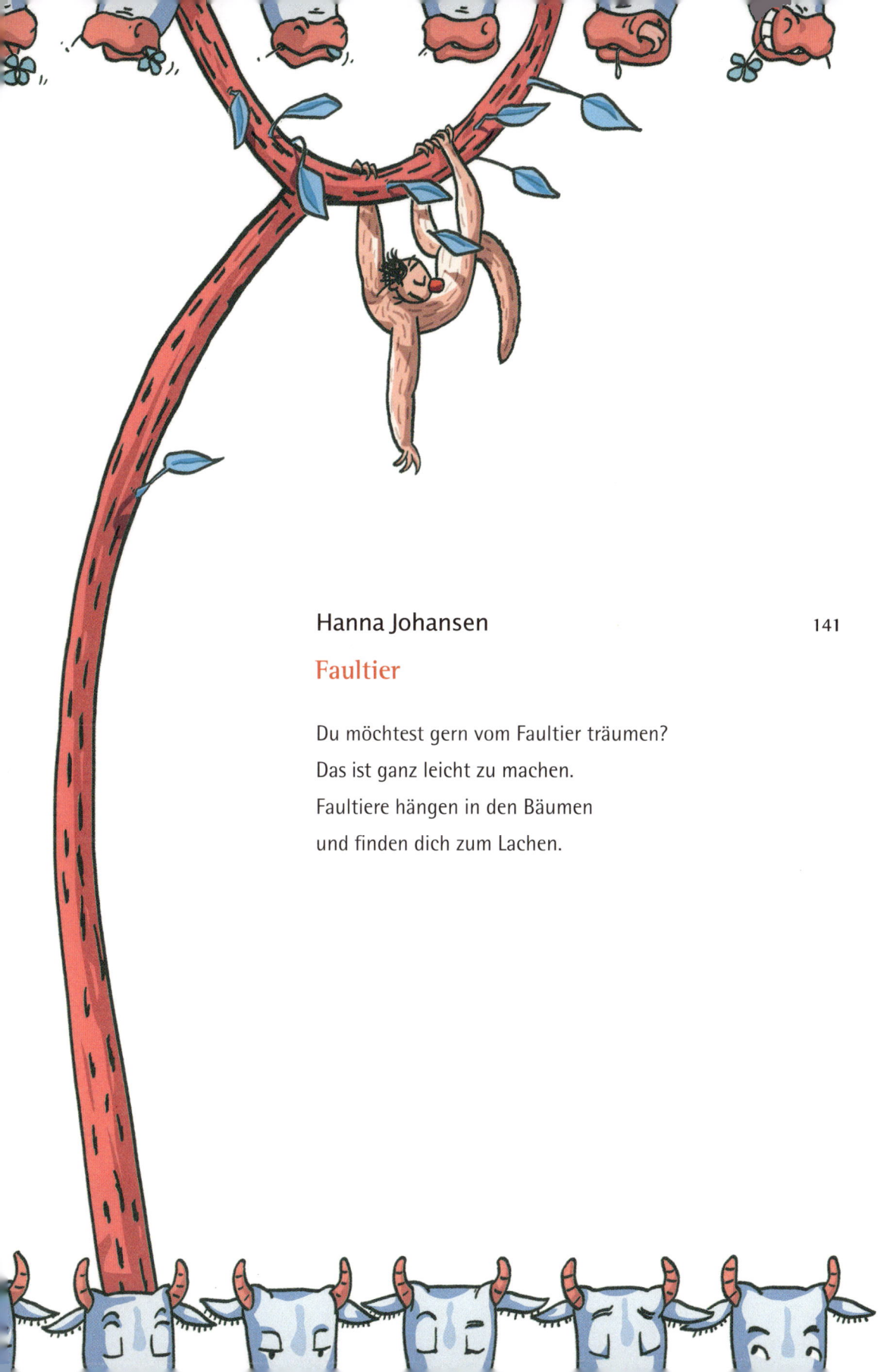

Hanna Johansen

Faultier

Du möchtest gern vom Faultier träumen?
Das ist ganz leicht zu machen.
Faultiere hängen in den Bäumen
und finden dich zum Lachen.

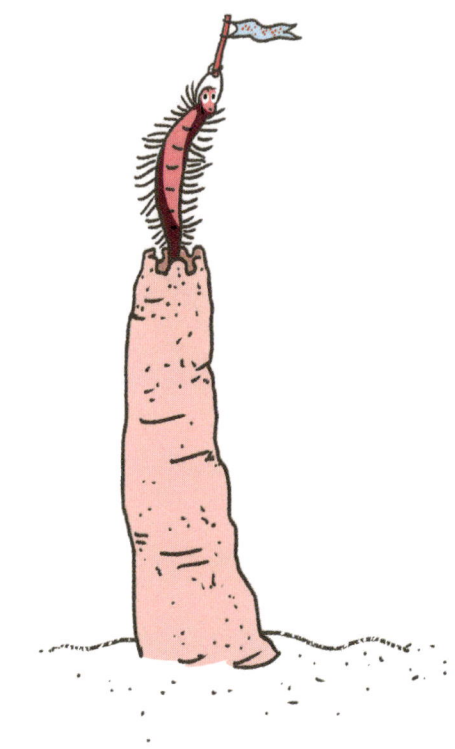

Ralf Thenior

Pech

Giselher, das Sandwürmchen,
baute sich ein Sandtürmchen.
Da kam ein Sandstürmchen
und blies das Sandtürmchen
von Giselher, dem Sandwürmchen,
ins wilde Friesenmeer.

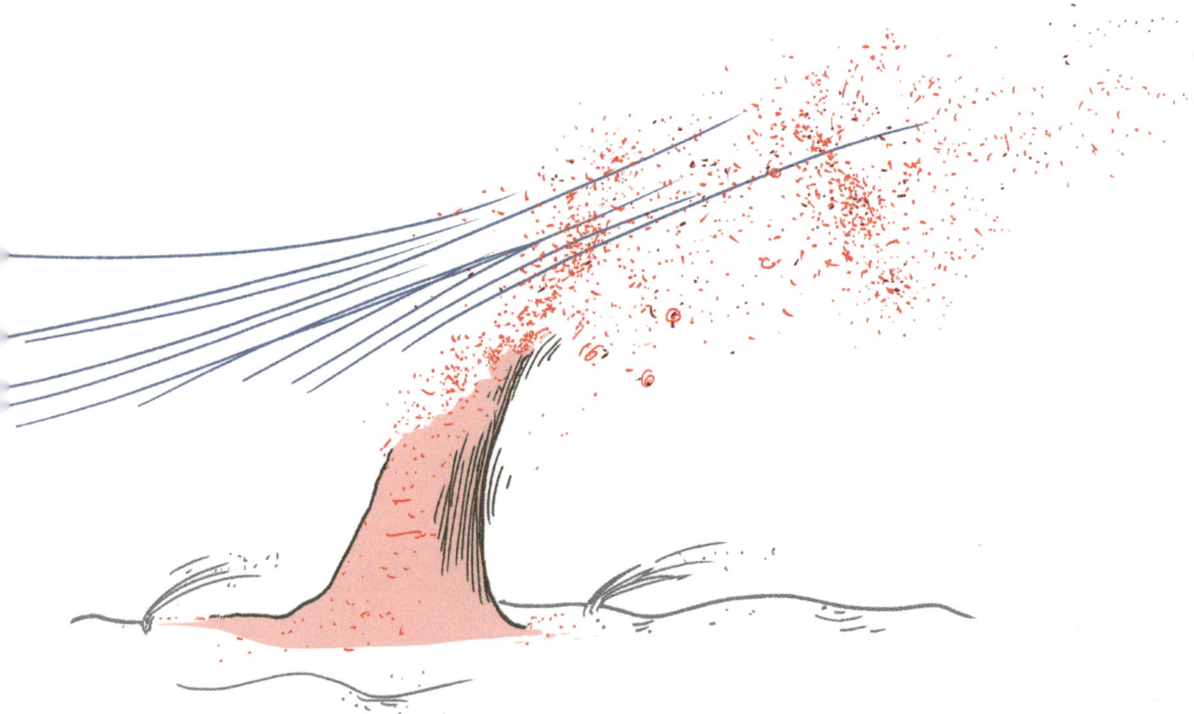

Arne Rautenberg

einsicht eines dichtenden esels

i-aah
i-bee
i-cee
i-dee

Gerhard Rühm

Ausgang

camembert und teddybär,
die gingen in den wald.
sprach camembert (es fiel ihm schwer):
„ich bin für dich zu alt."

„riechst du auch nicht mehr ganz gut,
so mag ich dich doch sehr."
fürwahr! der teddy, frohgemut,
verschlang den camembert.

Ernst Jandl

ottos mops

ottos mops trotzt
otto: fort mops fort
ottos mops hopst fort
otto: soso

otto holt koks
otto holt obst
otto horcht
otto: mops mops
otto hofft

ottos mops klopft
otto: komm mops komm
ottos mops kommt
ottos mops kotzt
otto: ogottogott

Unbekannter Verfasser

In der ganzen Hunderunde
sah man nichts als runde Hunde.

Christian Morgenstern

Zwischendurch

... Ein Hund, der naß im Regen wurde,
empfand die Nässigkeit als Burde
und wünschte sich ein Taschentuch,
um sich zum mindesten die Nase –
statt dessen wälzte er im Grase
sich, doch mit Misserfolg, da dies
ihm gleichfalls nichts als Nässe ließ ...

Tanja Dückers

Der Regenwurm (mit Hut)

An einem verregneten Tag
treffe ich auf der Straße
einen pitschnassen Regenwurm.
„Was für ein Sturm",
sagt er und lupft seinen Hut.
Ich gebe zurück:
„Gestatten, ich heiße Knut",
und auch ich lupfe kurz meinen Hut.
„Nimmst du mich ein bisschen
unter deinem Schirm mit?",

fragt er und wir gehen
langsam Schritt für Schritt.
Bald fängt es an zu gewittern,
es blitzt und donnert,
wir schlottern beide und zittern.
Mir rutscht sogar der Hut vom Kopf
und auch er, der arme Tropf,
windet sich unter dieser irren Brause.
Dann nehme ich ihn eben einfach mit zu uns nach Haus
und bereite uns dort einen leckeren Schmaus!
Einen großen Salat für mich,
einen kleinen für ihn.

Schon murmelt, mampft er zufrieden:
„Das Gewitter wird bald vorüberziehen!"
Da kommen meine Eltern nach Hause
und machen große Augen.
„Was machst du, Knut, denn hier für eine Jause?"
Da beginnt sich der Wurm zu regen.
„Keine Sorge, ich will nicht stören –
der Sturm beginnt sich auch schon zu legen!"
Setzt sich seinen schicken Zylinder wieder aufs Köpfchen,
an den Fensterscheiben hört man die letzten Tröpfchen.
Meine Eltern schauen sprachlos auf den sprechenden Wurm,
sind vollkommen verblüfft. **147**
Und er – er hüpft und hüpft
aus der Wohnung und von Stufe zu Stufe.
Und ich - ich rufe und rufe:
„Du hast noch gar keinen Nachtisch gehabt,
es gibt Schokoladenkuchen!"
Und er im Davonschlingeln:
„Oha! Dann komme ich dich morgen Abend
gleich noch mal besuchen!"

Ein kleines Stück Kuchen oder einen großen Krümel
lege ich schon mal für ihn beiseite.
Dann stelle ich mich ans Fenster und schaue in die Weite.

Robert Gernhardt

Was ich heut sah

Drei kleine Frösche sah ich heut,
die warn mit dem Teufel im Bunde.
Die hüpften über die Mauer breit
und schrien aus einem Munde:

„Wir sind die Frösche der Dunkelnis,
äh, der Finsterheit, äh, des Lichts.
Das heißt doch Licht, wenn kein Tag mehr ist,
alles schwarz und niemand hört nichts?"

So haben die teuflischen Frösche gefragt,
sie waren sehr schrill und sehr klein.
Ich habe nur halblaut „Schnüss" gesagt,
da hörten sie auf zu schrein.

Und schaurig klingt vom Norden her noch heut'gen Tags die Eskimär.

Unbekannter Verfasser

Wassermaus und Kröte

Eine Wassermaus und eine Kröte
Stiegen eines Abends spöte
Einen steilen Berg hinan.
Sprach die Wassermaus zur Kröte:
„Warum gehst du abends spöte
Diesen steilen Berg hinan?"
Sprach zur Wassermaus die Kröte:
„Zum Genuß der Abendröte
Geh' ich diesen Abend spöte
Diesen steilen Berg hinan."
Dies ist ein Gedicht von Goethe,
Das er eines Abends spöte
Auf dem Sofa noch ersann.

Manfred Schlüter

Logisch

Wenn der Eisbär
nicht so weiß wär
und das Eismeer
siedend heiß wär,
wär der Eisbär
Gott wer weiß wer …
nur kein Eisbär!

James Krüss

Abfallempfindlich

Der Besen sprach zum Kübel:
„Du riechst ein wenig übel."
„Was du in mich hineingefegt,
ist das, was dir Gestank erregt",
erwiderte der Kübel.
Das nahm der Besen übel.

F. W. Bernstein

Ein Abwasch

Es pflatscht und schäumet. Ihr Winde, blast!
Aus Tellern ragt steil ein Kochlöffelmast.
Es kentern die Tassen und Schalen und – KLIRR –
versinkt in der Tiefe das schöne Geschirr.
Die See geht hoch und Spülwasser laufen
Über den Ausguß, drei Becher ersaufen.
Ein Henkel geht unter; mit glitschiger Hand
hält sich die Nudel am Bratpfannenrand.
Sie wird erbarmungslos weitergetrieben
samt dem, was von Suppe übriggeblieben.
Gibt's wirklich im Abwasch so Quallen und solche
Abwasserkröten, Krabben und Molche?
Stöpsel heraus! Dumpf gurgelt der Strudel
und reißt in den Abgrund die längliche Nudel.
Das Wasser sinkt – überm Abflußrohr
da hebt sich schmatzend was Dickes hervor!
Am Grunde des Beckens regt es sich – HUCH! –
Was ist das? Das ist ja das Abtrockentuch.

153

Oskar Pastior

in der ersten zeile ...

in der ersten zeile steht ein A und noch ein A es sind die beiden A der ersten zeile in der zweiten zeile steht ein A und noch ein A es sind die beiden A der ersten zeile aber untereinander vertauscht in der dritten zeile steht ein A und noch ein A es sind nicht mehr die beiden A der ersten zeile sondern die beiden A der vierten zeile allerdings untereinander vertauscht das kommt in der vierten zeile zum vorschein wo ein A steht und noch ein A also die beiden A der vierten zeile allerdings untereinander nicht vertauscht das gedicht kann horizontal und vertikal gelesen werden wodurch die wirkung frappant gesteigert wird bitte nachzeichnen

Günter Bruno Fuchs

Sechszeilengedicht

Dies ist die erste Zeile.

Mit der zweiten beginnt mein Gedicht zu wachsen.

Wenn ich so weitermache, komme ich bald an den Schluß.

Die vierte Zeile hilft mir dabei. (Schönen Dank, vierte Zeile!)

Der Gerichtsvollzieher, sage ich noch, trägt seine Eier ins Kuckucksnest.

So, ich hab meine Arbeit getan und lege mich schlafen.

Robert Gernhardt

Geständnis

Ihr fragt nach meinem Lieblingssport?
Nun gut, es ist der Mord.

Ja, ich sag's laut, ich morde gern,
besonders, wenn es heiß ist,
und wenn das Wasser in dem See
so klar und kalt wie Eis ist.

Dann ziehe ich die Kleider aus
und springe in die Wellen,
um dort mit Karpfen, Barsch und Aal
durchs kühle Naß zu schnellen.

Ja, Bürger, lache nur getrost
und bleib in deinem Bette –
ich morde derweil frisch und froh
mit Fischen um die Wette.

Wie? Was?

Ich hör' ein Widerwort?

Der Sport heißt Schwimmen?

Und nicht Mord?

Wie war das noch mal?

Schwimmen?

Moment – ihr seht mich sehr verwirrt ...

Mein Gott – vielleicht hab ich geirrt ...

Doch – Schwimmen könnte stimmen.

Peter Maiwald

Ungewöhnliche Begebenheit

Der kleine Rollmops schwimmt im Meer.
Die Fische schwimmen um ihn her.

Mein lieber Fisch, wie siehst du aus:
Gerollt, ne Gurke schaut heraus?

Der kleine Rollmops sagt: Na und?
Ich liebe Gurken, bin gern rund!

Der kleine Rollmops schwamm im Meer.
Die Fische schüttelten sich sehr.

Frantz Wittkamp

Von hier nach da, von da nach hier.
Ein ewig ruheloses Tier.
Ununterbrochen schwimmt im Meer
Der Hinundhering hin und her.

Joachim Ringelnatz

Übergewicht

Es stand nach einem Schiffsuntergange
Eine Briefwaage auf dem Meeresgrund.
Ein Walfisch betrachtete sie bange,
Beroch sie dann lange,
Hielt sie für ungesund,
Ließ alle Achtung und Luft aus dem Leibe,
Senkte sich auf die Wiegescheibe
Und sah – nach unten schielend – verwundert:
Die Waage zeigte über Hundert.

Unbekannter Verfasser

Eskimojade

Es lebt' in dulci jubilo
In Grönland einst ein Eski*mo*.
Der liebt voll Liebeslust und -leid
Die allerschönste Eski*maid*,
Und nennt im Garten sie und Haus
Bald Eski*miez*, bald Eski*maus*.
Im wunderschönen Eski*mai*
Spazieren gingen froh die zwei,
Geschminkt die Wangen purpurrot,

Wie's mit sich bringt die Eski*mod'*,
Und setzten sich ganz sorgenlos
Ins wunderweiche Eski*moos*.
Still funkelte am Horizont
Der silberklare Eski*mond*.
Da schlich herbei aus dichtem Rohr
Othello, Grönlands Eski*mohr*.
In schwarzer Hand hielt fest den Dolch
Der eifersücht'ge Eski*molch*
Und stach zwei-, dreimal zu voll Wut
In frevelhaftem Eski*mut*.

Vom Dolch getroffen alle beid' –
Sank Eski*mo* und Eski*maid.*
Da rannt' im Sprunge des Galopps
Herbei der treue Eski*mops*
Und biß mit seinen Zähnen stark
Den Mörder bis ins Eski*mark,*
Der bald, zerfleischt vom treuen Hund,
Für immer schloß den Eski*mund.*
So ward – das ist der Schlussakkord –
Gerächt der blut'ge Eski*mord!*
Und schaurig klingt vom Norden her
Noch heut'gen Tags die Eski*mär.*

Franz Hohler

In der Badewanne

Herr Gasser saß am Freitagabend
die Woche wohl beendet habend
gemeinsam mit der lieben Hanne
zu Hause in der Badewanne.

Er fühlte sich entspannt und munter
dann tauchte er auf einmal unter
und ohne dass er es begriff
durchschwamm er ein Korallenriff.

Bunte Fische, Quallen, Krabben
blaues Meer – zum Überschnappen!
Ein Seestern schwebt durch's klare Nass –
war das die Wirkung von Badedas?

Prustend hob zuletzt Herr Gasser
den Kopf aus seinem Badewasser.
„Liebling!" rief er, „tauch mal ein
ich schwör's, du wirst begeistert sein!"

Hanne tat's ihm gleich, jedoch
die Strömung zog sie hin zum Loch
bis sie im Leitungsrohr verschwand
und niemand je sie wiederfand.

Manfred Schlüter

Das Haar in der Suppe

Die Puppe
löffelt Suppe
und findet
drin ein Haar.

Der Puppe
ist das schnuppe,
weil's ohne
Schuppen war.

163

Franz Hohler

Der Kühlschrank

Der kleine Jonas, 7 Jahre
Sommersprossen, Lockenhaare
holte für Papa ein Bier
und öffnete die Kühlschranktür.

Da schlug ein Nebel ihm entgegen
dazu ein feiner Nieselregen
und hinter einem rohen Ei
fuhr ein Segelschiff vorbei.

Ein Kapitän mit weißen Haaren
rief: „Jonas! Willst du mit mir fahren?"
Der Junge voll Begeisterung
machte einen großen Sprung

um zwischen Quark und Himbeereisen
in die Arktis zu verreisen.
„Schatz, wo bleibt der Junge bloß?"
Die Eltern standen fassungslos.

Joachim Ringelnatz

Es lebte an diskretem Orte
Ein Stückchen Seife, bester Sorte,
In einem Porzellanbehälter.
Das ward mit jedem Tage älter.
Weil es mit Moschusduft durchhaucht,
Ward es von Menschen gern gebraucht.
Einstmals – das wann und wie ist schnuppe –
Geriet es in die Erbsensuppe.
Der Mensch benahm sich miserabel.
Er stach die Seife mit der Gabel,
beroch sie roh und rief: „Pfui, Spinne!"
Da schwanden ihr vor Angst die Sinne.

Mascha Kaléko

Wer kommt mit nach Alaska?

In Alaska, wie man weiß,
Steht ein Berg aus Sahneeis.
Links Vanille, rechts Zitrone,
Obendrauf 'ne Mokkabohne.
Ananas, Krokant, Banane
Schwimmen in gefrorner Sahne.
Täglich schneit's dort Marzipan,
Sagen alle, die es sahn.

Willst du an den Leckereien
In Alaska dich erfreuen,
Darfst du eins vor allen Dingen
Nicht vergessen mitzubringen:
Schüsselchen und Essbesteck!
Sonst schickt man dich wieder weg.

In Alaska ist es kalt,
Weihnachtsbäume stehn im Wald,
Fein geschmückt mit hellen Kerzen,
Bunt behängt mit Zuckerherzen,
Schokoladen, Mandelschnitten,
Puppenwagen, Rodelschlitten.
Immer ist dort Feiertag,
Jeder nimmt sich, was er mag,
Apfelstrudel und Baiser,
Und kriegt doch kein Magenweh.

Willst du an den Schleckereien
In Alaska dich erfreuen,
Iß dein Süppchen etwas schneller!
Denn wir müssen deinen Teller
Und das Löffelchen noch waschen,
Um den allerletzten Zug
Nach Alaska zu erhaschen.
Ist das Essbesteck nicht rein,
Lassen sie uns nicht hinein.

Hanna Johansen

Ein Frosch

„Quaaak, quaaak!" quaaakt's unterm Bett hervor.
Ein Frosch, denk ich und bin ganz Ohr.
Von Fröschen weiß ich, wie sie sich
ganz leicht verwandeln lassen,
in schöne Prinzen, glaube ich.
Ich will ihn grade fassen,
da schimpft er, als durchschaut' er mich:
„Das könnte dir so passen –
jetzt wird das Zimmer aufgeräumt
und nicht vom Königssohn geträumt!"

168

F. W. Bernstein

Warnung an alle

In mir erwacht das Tier.
Es ähnelt einem Stier.
Das ist ja gar nicht wahr,
in mir sind Tiere rar.

In mir ist's nicht geheuer,
da schläft ein Zuckerstreuer.
Und wenn der mal erwacht,
dann Gute Nacht!

Unbekannter Verfasser

Auf den sieben Robbenklippen sitzen sieben Robbensippen,
die sich in die Rippen stippen, bis sie von den Klippen kippen.

Unbekannter Verfasser

Da droben auf dem Berge
Da ist der Teufel los
Da zanken sich die Zwerge
Um 'nen Kartoffelkloß
Der erste will ihn haben
Der zweite läßt nicht los
Der dritte fällt in' Graben
Dem vierten platzt die Hos.

Edwin Bormann

Der alte Marabu

Im Schneegebirge Hindukuh
Da sitzt ein alter Marabu
Auf einem Fels von Nagelfluh
Und drückt das rechte Auge zu.

Weshalb wohl, fragst du, Leser, nu,
Weshalb wohl sitzt der Marabu
Im Schneegebirge Hindukuh
Auf einem Fels von Nagelfluh
Und drückt das rechte Auge zu?

Hab' Dank, o lieber Leser du,
Für dein Intress' am Marabu!
Allein weshalb im Hindukuh
Er drückt das rechte Auge zu
Auf einem Fels von Nagelfluh –
Weiß ich so wenig als wie du!

Joachim Ringelnatz

Im dunklen Erdteil Afrika
Starb eine Ziehharmonika.
Sie wurde mit Musik begraben.
Am Grabe saßen zwanzig Raben.
Der Rabe Num'ro einundzwanzig
Fuhr mit dem Segelschiff nach Danzig
Und gründete dort etwas später
Ein Heim für kinderlose Väter.
Und die Moral von der Geschicht? –
Die weiß ich leider selber nicht.

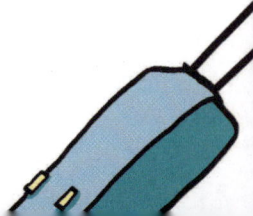

Jürgen Spohn

Ein Schauder

Ein Schauder
stieg am Bahnhof aus
lief übern Damm
ins nächste Haus
und legt sich
auf die Lauer
an einer
dunklen Mauer

Dort um die Ecke
bog ein Mann
den sprang er dann
von hinten an
mit Wonne & Entzücken
lief er ihm
übern Rücken

173

Unbekannter Verfasser

Berliner Spruch

Ick sitze da und esse Klops.
Uff eemol kloppts.
Ick warte, staune, wundre mir,
Uff eemol geht sie uff, die Tür.
Nanu, denk ick, ick denk nanu!
Jetzt ist sie uff, erst war sie zu.
Ick jehe raus und kieke –
Und wer steht draußen? – Icke!

174

Unbekannter Verfasser

Erna die Verrückte
Saß auf dem Topf und drückte
Drückte bis der Topf zerbrach
Und die Wurst danebenlag

Heinz Erhardt

Ich kann nichts dafür, dass der Mond schon scheint,
und dass nicht der Mond seinen Mondschein schont,
und dass Frau Adele im Wohnheim weint,
weil sie nicht wie früher in Weinheim wohnt.

Jürgen Spohn

Was will man mehr

Ein volles Haus
mit Ratte & Maus

Eine volle Mütze
mit Entengrütze

Eine Schachtel
voll Licht
(reimt sich nicht)

Eine volle Tüte
Dumeinegüte

Eine volle Prise
Anneliese

Ein voller Hut
mit Übermut

Eine volle Hose
Knödel mit Soße

Ein voller Sack
mit Schabernack

....

....

Günter Nehm

Achtung Diebe

Böse Diebe klauten Waren,
böse die Beklauten waren.

177

Arne Rautenberg

rei rei rei

hoppe hoppe rei rei rei
wenn er fällt dann ter ter ter
fällt er in den gra gra gra
fressen ihn die ben ben ben
fällt er in den su su su
macht der reiter mpf mpf mpf

Ernst Jandl

zweierlei handzeichen

ich bekreuzige mich
vor jeder kirche
ich bezwetschkige mich
vor jedem obstgarten

wie ich ersteres tue
weiß jeder katholik
wie ich letzteres tue
ich allein

Nachspiel

Den Vers, den hab ich in Vorrat germacht.

Friedrich Theodor Vischer

Anwendbar

Ein weich verpackter,
Ein fein befrackter,
Nicht sehr intakter
Charakter.

Den Vers, den hab' ich in Vorrat gemacht,
ganz ohne Objekt, ich hab' halt gedacht:
Ich mach' ihn einmal, er wird schon passen,
Man kann ihn brauchen in allen Gassen.

Schlusssatz

Immer wieder erzählen einem Menschen, dass ihnen Gedichte keinen Spaß machen. Sie würden den Sinn nicht verstehen, und wenn sie ein Gedicht läsen, müssten sie an Schule denken, an die seltsamen Dinge, die möglichst verrätselt in dem Gedicht stünden und für deren Nichtbegreifen einem Lehrer dann eine Fünf unter die Arbeit gesetzt hätten.

Gedichte sind aber in erster Linie Spiele – Spiele mit Worten, Klängen, Musik. Phantasiespiele, in denen durch Sprache Räume geschaffen werden, die unsere nüchterne Alltagssprache nicht kennt. Anders denken, quer denken setzt Sprache voraus. Im Gedicht erzeugt Sprache völlig neue Vorstellungsräume bis hin zu solchen, die sich der Welt, wie sie ist, und ihrer Logik gänzlich verweigern.

Das ist auch im Nonsens-Gedicht nicht anders – hier wird die Loslösung von realen Bezügen und Logik sogar bewusst forciert und zum einzigen Zweck erhoben. Es ist einfach, Nonsens-Gedichte zu lesen – man muss keinen versteckten Sinn suchen. Das Gedicht zielt auf die Auflösung des Sinns. Dafür steht die Musik, der Klang der Sprache ganz für sich. Und weil dem Sinn so bewusst aus dem Weg gegangen wird, bekommen wir als Leser plötzlich Spaß an Gedichten. Wenn Ernst Jandl oder Oskar Pastior auf ihren Lesungen Gedichte vortrugen, waren die Zuhörer verzückt, verstanden kein Wort und lachten. So geht es auch Kindern, wenn sie erleben, wie ein Nonsens-Dichter mit der Sprache spielt. Plötzlich tun sie, was ihnen als Kind eingeboren ist, sie spielen, erfinden Wörter, werfen mit Lauten um sich, machen Musik und erschaffen ihre eigene Sprachwelt.

Insofern sind Nonsens-Gedichte wichtig als spielerischer Einstieg in die Poesie. Ich habe in diesem Buch alte und neue Gedichte zusammengestellt und bis auf das kurze Vor- und Nachspiel die fünf Kapitel immer mit genau drei-

ßig Gedichten gefüllt, um keine sinnfälligen, sondern zufällige Einteilungen zu schaffen. Dass ich nur deutschsprachige Gedichte aufgenommen habe, ist keinem Nationalchauvinismus geschuldet, sondern einzig dem Zwang zur Beschränkung, auch wenn ich dadurch zum Beispiel auf die großartigen Limericks von Edward Lear – etwa in der genialen Übertragung von Hans Magnus Enzensberger – verzichten musste, ebenso auf Lewis Carroll und viele jüngere englischsprachige Dichter. Andererseits hätten dann natürlich auch niederländische, skandinavische, spanische Dichter hineingemusst. Und das würde ein zweites Buch füllen.

Dieses Buch soll mit seinem Nonsens anstiften. Wer Spaß hat, soll weiterlesen. Auf meiner Website www.gutzschhahn.de gibt es eine Liste mit Buchhinweisen zu jeder Menge Nonsens, der in dieses Buch aus Mangel an Platz nur bedingt oder gar keinen Eingang finden konnte.

Platz braucht das Buch nämlich auch für die Bilder von Sabine Wilharm, in denen sie den Nicht-Sinn der Gedichte zeichnerisch ins Absurde, Verrückte, Unglaubliche, Widersinnige fortführt. Es macht Spaß, in Sabine Wilharms Bildern eine sprachspielerische Klangwelt greifbar werden zu sehen.

Uwe-Michael Gutzschhahn

PS: Alle, die in diesem Buch nach einheitlichen Rechtschreibregeln suchen, werden sinnlose Anarchie finden, was dem freien Spiel der Autoren und der unterschiedlichen Entstehungszeit der Gedichte geschuldet ist. Die Texte erscheinen in ihrer überlieferten Form.

Autoren und Quellen

Der Verlag dankt allen Autoren, Übersetzern und Agenturen für die freundlichen Abdruckgenehmigungen. Leider war es nicht möglich alle Rechteinhaber zu ermitteln; alle Ansprüche bleiben jedoch gewahrt.

Friedrich Ani, geb. 1959, lebt in München. „Falsche Richtung" und „Flugbegleiter" © Friedrich Ani

F. W. Bernstein, geb. 1938, lebt in Berlin. „Ich bin", „Der Dinggang", „So geht Gehen", „Dreizeiler", „Warnung an alle" und „Ein Abwasch" aus: „Die Gedichte" © 2003 Verlag Antje Kunstmann, München

Edwin Bormann, geb. 1851, gest. 1912. „Der alte Marabu"

Bertolt Brecht, geb. 1898, gest. 1956. „Es war einmal ein Adler" aus: „Werke. Große kommentierte Berliner und Frankfurter Ausgabe, Band 14" © 1993 Berthold-Brecht-Erben/Suhrkamp Verlag

Adalbert von Chamisso, geb. 1781, gest. 1838. „Tragische Geschichte"

Tanja Dückers, geb. 1968, lebt in Berlin. „Der Regenwurm (mit Hut)" © Tanja Dückers

Joseph von Eichendorff, geb. 1788, gest. 1857. „Mandelkerngedicht"

Michael Ende, geb. 1929, gest. 1995. „Die Ausnahme" © Michael Ende Erben

Fred Endrikat, geb. 1890, gest. 1942. „Sprichwörter" und „Die Wühlmaus"

Hans Magnus Enzensberger, geb. 1929, lebt in München. „Einführung in die Handelskorrespondenz" aus: „Gedichte 1950-2010" © 2010 Suhrkamp Verlag, Berlin. Alle Rechte bei und vorbehalten durch Suhrkamp Verlag Berlin.

Uwe-Michael Gutzschhahn, geboren 1952, ist in Dortmund aufgewachsen und hat in Bochum studiert. 1978 veröffentlichte er seinen ersten Gedichtband und arbeitete zwanzig Jahre lang in verschiedenen Verlagen, bevor er sich 2001 als Übersetzer, Autor und Herausgeber selbstständig machte. 2012 erschien sein eigener Nonsens-Gedichtband „Unsinn lässt grüßen". Außerdem hat er die 12-bändige Kinderlyrik-Reihe „RTB Gedichte" (1988-91) und bei cbj – zusammen mit Amelie Fried – die Gedichtanthologie „Ich liebe dich wie Apfelmus" (2006) herausgegeben. Seit 1996 lebt er mit seiner Frau in München.

Sabine Wilharm wurde 1954 in Hamburg geboren und studierte an der dortigen Fachhochschule für Gestaltung. Seit 1976 arbeitet sie freiberuflich als Illustratorin. Sie hat unter anderem Karikaturen und Bildgeschichten für bekannte Zeitschriften gezeichnet („Manager-Magazin", „Stern"). Große Bekanntheit erlangte sie durch die Gestaltung der deutschen Harry-Potter-Bände. Heute ist sie eine der bekanntesten Illustratorinnen der deutschsprachigen Kinderbuch-Szene.

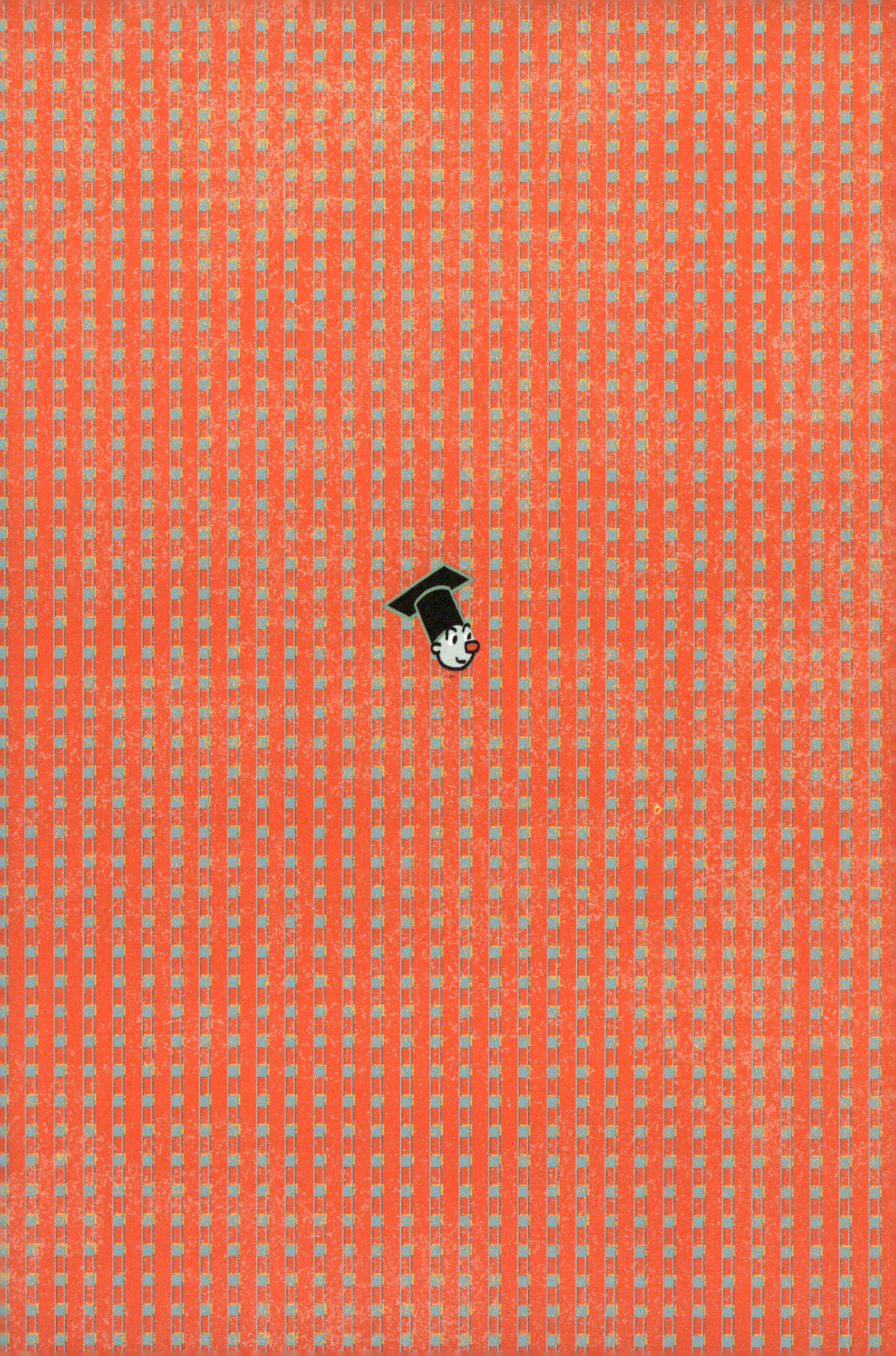